市民を育てる道徳教育

佐藤隆之
上坂保仁

［編著］

勁草書房

はしがき

　私たちは，子どもであれ大人であれ，「行政区画の市に居住する人」である「市民」（『精選版　日本国語大辞典』小学館，2006年）として，日々の生活を送っている。そのなかで，道徳教育に関わるような問題や課題にしばしば出くわす。たとえば，図0-1と図0-2をご覧いただきたい。よくある標識や看板である。路上禁煙，駐車禁止，傘はビニール傘袋へ，といったことが呼びかけられている。呼びかけられているのは，基本的にはこの標識や看板がある「行政区画」の住民である「市民」であり，そこで働いていたり，たまたま通りかかったりするそれ以外の「市民」などになるだろう。では，路上で喫煙しない，路駐しない，雨の日に図書館や店などの入り口におかれている傘用のビニールをつけるといったことは，どこで，誰が，いかにして教えるのだろうか。学校の道徳教育に期待が寄せられていることは間違いないだろう。その期待は，無作為抽出された市民が行政に参加し，地域の課題について議論する「くじ引き民主主義（抽選制民主主義）」や，行政機関が規則などを決める前に，広く一般からつのる意見や情報である「パブコメ（パブリックコメント）」をよく耳にする昨今，いっそう高まりそうだ。

図0-1　掲示①　筆者撮影

図0-2　掲示②　筆者撮影

具体例は他にいくつもあげられる。交通安全，放置自転車，歩きスマホ，電車やバスの中でのリュックサック型の鞄を背負うか前に抱えるか，など。近所づきあいも含められるだろう。マンションであれ，一軒家であれ，騒音，共有部分の管理や使用，挨拶などでトラブルがおこらないような関係を近隣と築けるようにすることが求められる（本書第10章参照）。道徳科の教科書においても，「ピアノの音が」（東京書籍編集部編『新しい道徳6』，2017年，61-64頁）という教材は，「法や決まり，権利と義務」を学ぶことを目標として，マンションの騒音問題を，住民の話し合いで解決するという内容になっている。

　そのように「市民」が日々の生活において直面することになりそうな問題や課題は，学校で行われる道徳教育にどのように生かすことができそうか。それを提案したのが本書である。

　この問いに，第Ⅰ部では，民主的な市民やコミュニティ，大人になるということ，よりよく生きること・人間らしさ，といった観点から原理的な考察を行った。第Ⅱ部では，情報モラル，法律から考えるいじめ問題防止，ジェンダー・セクシャリティといった現代社会の問題を取り上げて提案している。第Ⅲ部では，幼児教育・初等教育・中等教育という学校段階ごとに，学習指導要領をふまえて，指導や授業のあり方や具体的な実践について検討した。

　その際，とくに重視したのは，現在求められている，次のような道徳教育のあり方である。「道徳としての問題」の「答え」は「一つではない」。それゆえに，「多面的・多角的に考え」ることが重要になる。そうすると，「時に対立」し，「悩み，葛藤」することがある。既存の「ルールやマナー」に従うだけでは済まされず，「考え続け」，「建設的な議論をする」ことも必要になる。下線部はいずれも，『小学校・中学校学習指導要領解説　特別の教科　道徳編』（1-4頁）からの引用である。最後の「建設的な議論をする」は，中学校段階で付け加えられている（『中学校学習指導要領解説　特別の教科　道徳編』，95頁）。

　本書では，このような道徳教育の特徴の一つを，意見の食い違いがありながらも，なんとか落とし所を見つけようとするところに見定めている。「和解」といってもよいかもしれない。「その場をうまくおさめる」，「丸くおさめる」，「折り合いをつける」などとも言い換えられるかもしれない。

　道徳に関わる問題に対するそのような解決の仕方や態度は，市民生活でも重

要になるだろう。先にあげた「近所づきあい」でいうなら，普段からコミュニケーションをとって良好な関係性を築くか，それとも日頃のつきあいはそこそこにして適宜コミュニケーションをとるか，それ以外のコミュニケーションの取り方をめざすか。その「答え」は，それぞれの価値観，状況，コミュニティの要請などにより，「一つではない」。「友達と折り合いを付け」ることは，『幼稚園教育要領解説』においても言及されている（本書第8章参照）。それは園児から児童・生徒まで共通の課題となっている。

　本書は，そこに特徴づけられる道徳／市民性教育について，道徳教育を，学校で，教科書を使って，児童・生徒を対象に教えるという縛りをいったん取り払い，学校を出た後（校外に出た後，卒業した後）の^{人生・生活}ライフにまで視野を広げて検討している。道徳教育を問い直す自由度は高まったように思われる。その結果，大人でも答えることが容易ではない問題や課題——本書で取り上げている事例でいえば，民主的コミュニティ，大人，よりよい生，情報モラル，いじめ，ジェンダー・セクシャリティ，モラルジレンマ，遊具を使うルール，給食の盛り付けにおける公平性，公共道路の使い方など——について，答えを提示するのではなく，その難しさと対峙し，どうしたらよいかを共に考えるというアプローチが共有されることになった。それにより本書の各所では，「答え」が「一つではない」道徳の問題について，「多角的・多面的に考え」，「悩み，葛藤」しながらも，よりよい「ルールやマナー」を「考え続け」，「対立」を越え，「建設的な議論」ができるようにする方向性が探求されている。

　「市民」とは何か，「市民性教育」とは何かをまず明らかにし，それと「道徳教育」との関連を論じたうえで授業や指導について提案するという手続きをふんでいないことや，取り上げるべきトピックスなどについては課題が残される。読者から忌憚のないご意見をお伺いし，「考え続け」ていきたい。

　最後に，本書は勁草書房のご厚意で公刊することができた。編集部の藤尾やしお氏には，企画の段階から最後まで大変お世話になった。丁寧に編集作業にあたってくださるのみならず，ときに一読者として鋭い意見を寄せて下さった。記して御礼申し上げます。

編　者

市民を育てる道徳教育

目　次

はしがき

第Ⅰ部

市民を育てる道徳教育の原理

第1章

アートで育む民主的市民
―「新しい見方や考え方を生み出す」道徳授業―

佐藤　隆之

1. 「新しい見方や考え方を生み出す」という課題

　本章では，「新しい見方や考え方を生み出す」ための道徳教育の原理について考えてみたい。「新しい見方や考え方を生み出す」ことは，新学習指導要領における道徳教育のキーワードの一つである「物事を多面的・多角的に考える」ための条件でもある（本章 3.3. 参照）。中学校で取り組むこととされており，発展的な学習といえる。難問や行き詰まりを克服したり，新奇なアイディアを出したりすることが含まれるから，そう容易ではない。やや高度な思考や議論が必要になりそうだ。大人，あるいは本書のねらいに即していえば市民であっても難しいことかもしれない。だからこそ，小学校の道徳教育から，早めに，少しずつでも準備を始めることが必要なのではないか。

　では，どのようにして「新しい見方や考え方を生み出す」ように導けばよいのか。学習指導要領に詳しい説明はない。そこで本章では，そのための原理を，教育哲学者グリーン（Greene, M., 1917-2014）が説く，「「物事を見る」新たな方法を開く（the opening of new ways of "looking at things"）」に注目して検討してみたい（Greene 1988: 126）。それは，「新しい見方や考え方を生み出す」ためにまず，アートを鑑賞するなかで自他の意見や思いを交わらせて「民主的コミュニティ」をつくり，その担い手となる「民主的市民」を育むという提案である。回り道のように思えるが，それが「新しい見方や考え方を生み出す」道徳授業

のあり方を示していることを論じる。少し混み入った話しになるが、「新しい見方や考え方を生み出す」ことはそう単純ではなく、市民となるための条件とみなしうることを明らかにする。

2. 「新しい見方や考え方を生み出す」ために

2.1.「フィンガーボール」の批判的検討──「事実」を元に考え、議論する

　「新しい見方や考え方を生み出す」こととは何かを検討するところからはじめよう。小学校4年生の教材「フィンガーボール」を例に考えてみたい。

　ある国の女王様の話です。

　その女王様が、外国から来たお客様をもてなすためにパーティーを開きました。お客様は、女王様の前で、ごちそうをいただいたりお話をしたりして、たいへんかたくなっていました。

　いろいろな料理のおしまいに、果物といっしょに、フィンガーボールが運ばれてきました。これは、果物を食べたとき、よごれた手をあらうためのものなのです。

　ところが、お客様は、よほどかたくなっていたらしく、うっかり、そのフィンガーボールの水を飲んでしまいました。あるいはフィンガーボールのことを知らなかったのかもしれません。

　女王様は、そのようすをだまって見ていましたが、自分も、知らん顔をしてフィンガーボールを取り上げると、中の水をごくごく飲んでしまったのです。

　女王様が、フィンガーボールのことを知らないはずはありません。

　もしも女王様が、お客様が食事の作法をまちがえたとき、「なんて不作法なお客なのだろう。」という顔をして、自分はフィンガーボールで手をあらったとしたら、お客様はどんなにはずかしい思いをしたかわかりません。お客様はあとで自分のまちがいを知ったとき、女王様のとってくださった態度をどんなにありがたく思ったことでしょう。（島他 2019: 174-175, 吉沢久子・作『美しい日々のために』三十書房）

学習指導要領の「「道徳の内容」の学年段階・学校段階の一覧表」（巻末資料参照）においてこの教材で教えるべき内容項目（徳目）とされることが多いのは，「礼儀」である。「一覧表」では，小学校・中学年で，「B（8）　礼儀の大切さを知り，誰に対しても真心をもって接すること」を取り扱うことになっている。フィンガーボールの中の水を飲んであげるという女王の行動は，「相手に恥ずかしい思いをさせないように行動する」ことで「礼儀」にかなっているということになる。（そのような行動が「礼儀」といえるのかどうかは，次節で考察する。）

　しかし，そのような女王様の行動が本当に「礼儀」といえるのかということが，以前から指摘されてきた。これ以外にも，「礼儀」にかなった行動があるのではないか。たとえば，お客にフィンガーボールとは何か教えてあげることこそが「礼儀」ともいえないか。

　そうした代案を考えることは，「新しい見方や考え方を生み出す」一例となるだろう。それを「生み出す」方法の一つに，「フィンガーボール」の場面（社会的状況）を構成する，多様な「事実」を元に考えることがあげられる。「事実」とは，宴会の規模や場所（出席者の数，大広間か狭い個室か，など），宴会の雰囲気（騒がしいか，厳粛か，和やかか，など），女王とお客の位置関係や距離（離れている，近い，横並び，など）などのことである。宴会の規模が大きく騒がしいなら，女王は喧噪に紛れてお客にフィンガーボールの使い方を，他の人に気づかれずに教えてあげられるかもしれない。逆に規模が小さく厳粛な雰囲気なら，女王の行動は他の参加者に知られてしまい，お客に気まずい思いをさせてしまうかもしれない（宇佐美 2005: 66-69）。

　教科書では，図1-1のようなイラストによって，宴会に関わる「事実」を想像するよう促している。

　以上のように，「事実」を元にして考えるという方法により，女王がとった行動について，「礼儀」以外の「新しい見方や考え方を生み出す」ことができそうだ。

2.2.　ケアと思考

　そのような方法は，学習指導要領で規定されている「道徳性」のうち，「道

図1-1　「フィンガーボール」のイラスト（島他 2019: 174-175　イラスト：上垣厚子）

徳的判断力」に重点をおいている。それとは別に，女王とお客の関係性や感情に注目して，「新しい見方や考え方を生み出す」方法も考えられる。女王の取るべき行動について，客観的で合理的な判断よりも，二人の思いや関係性について想像力を働かせ，共感的に考えることに力を入れるのである。たとえば，「どのように考えて，女王様はフィンガーボールの水を飲んだのでしょうか」という問いがある（廣済堂あかつき編集部編 2019: 93）。次のような答えが想定される。女王は，相手を傷つけまいとした。恥ずかしい思いをさせたくなかった。お客に失礼があってはならないと思った。フィンガーボールの作法は二人の関係に比べれば，たいして重要なことではないと思った，など。いずれも相手の立場に立っての「思いやり」といってよいだろう。

　そのような「思いやり」は，ノディングズ（Noddings, N., 1929-2022）がいうケアという概念からすると，次のように分析できる。ケアは，「専心（engrossment）」と「動機づけの転移（motivational displacement）」からなる。「専心」とは，「選り好みすることのない受け入れ」を意味する。「自らの中身を空にし，その中に，自らが見つめている存在をあるがままに，まことの姿として受けいれる」（シモーヌ・ヴェイユ［Weil, S., 1909-1943, フランスの哲学者］の言葉）とも説明される。相手の存在を，思い込み，偏見，自分の好みなどにとらわれることなく，そのまま受け入れる態度である。他方，「動機づけの転移」は，「靴紐を結ぼうとしている小さな子どもを見守っているときに，自分自身の指が，共感的に反応して動く」ような態度と説明される。この意味でのケアは，思わず，

何かに呼びかけられるようにして，気づいたら救いの手を差し伸べているような，「助けたいという欲求」である（ノディングズ 2007 (1992): 43-44）。この「専心」と「動機づけの転移」があるとき，ケアが成り立つ。

　それは客観性や合理性を軸とする「道徳的判断力」とは異なる。無条件の「受け入れ」は，損得を超えた判断である。何かに「呼びかけられるようにして」の振る舞いだから，自己を超越している。ケアは打算や功利を超えた次元で成立する。

　ケアはまた「道徳的心情」と同じではない。それは思考を必要とする。だから，むしろ「道徳的判断」と重なる。「動機づけの転移を経験すると，人は考え始める。……自分たちが他者を助けるために何ができるのかと考える」とノディングズはいう（ノディングズ 2007 (1992): 44）。グリーンも，「ケアの欠如（carelessness）」ゆえに「思考欠如（thoughtlessness）」に陥るとしている（Greene 1988: 1）。ケアと思考は地続きだ。

　このケアと思考に基づけば，女王がお客にとった行動については，①女王がお客をどのように受け入れたか，②「動機づけの転移」はあったか，③思考できていたか，といった観点から考え，議論しうる。それにより，女王のとった行動について，「礼儀」以外の「新しい見方や考え方を生み出す」ことができそうだ。女王の行動は，「B (6) 親切，思いやり」や，立場を超えての「B (10) 相互理解，寛容」ともいえそうだ。女王とお客の間柄によるが「B (9) 友情，信頼」とも解釈しうる。さらには，「外国からのお客様」であることや，フィンガーボールが西洋の作法であることに着目すれば，「C (17) 国際理解，国際親善」におけるケアと思考の問題ともいえるかもしれない。ケアと思考からも「礼儀」以外の見方・考え方ができるだろう。

2.3.「子どもっぽさ」の克服──市民を育てる道徳授業

　以上の考察をふまえると，女王がフィンガーボールを飲んだのはよいことであり，「礼儀」と呼べるという解釈は，あくまでも一つの可能性にすぎない。その一点に向かって授業を収束させていくことはかえって不自然だし，なにより「新しい見方や考え方を生み出す」ことを妨げてしまうだろう。

　実際，女王が水を飲んであげるという行動は，実は短絡的で，「子どもっぽ

い」とも指摘され，飲んであげること以外の可能性を考える授業に改善することが提案されている。要点を示すと，「フィンガーボール」の授業は，一緒に水を飲んであげるという女王の行動が礼儀正しいということを，追認するにとどまっている。そうではなく，「**お客の体面を傷つけることなく，その場をうまくおさめるにはどうしたらよいか**」を考える授業にすべきである。そもそも「……この場を丸くおさめるやり方は，何通りか考えられる。そういうなかにあって女王の取った行動は，いささか子どもっぽいと言わざるを得ない。……〈お客に恥をかかせないためには，自分もフィンガーボールの水を飲むのがよい〉というふうにしか考えていないからである。じっくり考えてみれば，取り得る選択肢は他にもあるのに，女王の思考はいささか短絡的である」（新井2016: 219，太字原文。傍点引用者。）。ここでは女王の行動の「子どもっぽさ」が指摘されている。そこから抜け出し，いわば「大人」へと成長していくための授業にすることが示唆されている。

　この示唆は二つの視点から重要である。一つは，「市民」を育てる道徳教育において。いま一つは，「新しい見方や考え方を生み出す」ことにおいて。

　前者からみると，「フィンガーボール」のように，国外からのゲストを迎えるパーティーに出席する機会はそうはないかもしれない。しかし，「フィンガーボール」は，拡大解釈すれば，日常生活ではあまり関わらない人と一緒になったときの振る舞い方を問題にしているともいえる。わたしたちはそれに類する出来事にしばしば出くわす。

　学校に通う子どもも同様である。異学年で行うクラブ・部活動，課外活動，学年・学校集会などでは，日頃はあまり接触のない同級生，先輩，後輩たちと行動をともにする。そのような場面で問題が発生したとき，「その場をうまくおさめる」，「場を丸くおさめる」必要が生じる。その際，「子どもっぽさ」を克服し，「大人」の態度で対応することが求められる。

　その「大人」とは，それぞれが暮らす居住空間（自宅・家庭，学校，地域など）に積極的に関与し，その維持・発展を担う「市民」と読み替えられるだろう（大人になることについては本書第2章参照）。子どもから大人への成長は，「市民」への成長と重なる。

　後者の「新しい見方や考え方を生み出す」は，その「市民」を育てる道徳授

業の要となる。「その場をうまくおさめる」、「場を丸くおさめる」ための方法は、様々な人々や要因から構成される社会的状況において、必ずしも一つに絞れるわけではなく、「何通りか考えられ」、「取り得る選択肢は他にもある」場合が多い。だから、「新しい見方や考え方を生み出す」ことにより、「何通りか」、「取り得る選択肢」を考える必要がある。「子どもっぽさ」を克服し、「新しい見方や考え方を生み出す」ことは、市民を育てる道徳授業を行う上での一つのポイントになる。では、その授業はどのような原理に基づくべきか。教育哲学者グリーンの主張を参照して検討してみたい。

3. 「「物事を見る」新たな方法を開く」

3.1. 「眠り」からの「覚醒」

　グリーンによると、そもそも「新しい見方や考え方を生み出す」ことは難しい。その理由は、自由という観点から説明されている。わたしたちは、様々な理由によって、「新しい見方や考え方を生み出す」自由を妨げられている。惰性でなんとなく生きている。社会の常識や通念に知らず知らずのうちに縛られている。自分の思い込みにとらわれている。親、教師、上司のような権威を恐れている。どうせ何をやっても無駄だと無気力になっている。行動が習慣によりルーティン化し、感動や感情を失っている。そのような様々な理由—惰性、社会の常識・通念、思い込み、権威への盲従、無気力、無感動など—により人間は、自分が生まれつき持っている力を十分に発揮することができないでいる（Greene 1988: 23）。この状態をグリーンは「眠っている」と表現し（Greene 1988: 6）、「眠り」からの「覚醒」を説く（Greene 1988: 23）。それが自由の大前提であり、ひいては「新しい見方や考え方を生み出す」原動力となる。

　ここで留意すべきは、この「眠り」からの「覚醒」は、わたし一人の自由の問題ではない、ということである。わたしが「覚醒」して、社会や学校の問題、たとえば、いじめに新たに気づいたとする。しかし、一人でそれを解決することは難しく、他の人もいじめに新たに気づき、解決するという選択を自由にする必要がある。他の人が「眠っている」とそれができない。「新しい見方や考え方を生み出す」上では、わたしの自由（個人的自由）とみんなの自由（公的

自由）が合致する必要がある。そのためには、わたしとみんなが共に「眠り」から「覚醒」しなければならない。

3.2.「「物事を見る」新たな方法を開く」、民主的コミュニティをつくる

そこでグリーンが提案するのが、「存在する別のあり方を求める（seek alternative ways of being）ということ」、すなわち、「開けを探す（to look for openings）ことで、新しい可能性を発見するということ（to discover new possibilities)」である（Greene 1988: 1)。「存在する別のあり方を求める」とは、今とは異なる他者・世界・自分のあり方を探求するということである。それは、「開け」、つまり何か突破口、きっかけ、てがかりとなることを見つけて、「新しい可能性を発見するということ」である。

これをグリーンは、端的に、「「物事を見る」新たな方法を開く」ことという（Greene 1988: 126)。本章で提案する「新しい見方・考え方を生み出す」原理はこれである。

ここで注目すべきは、この原理によると、「新しい見方や考え方を生み出す」とは、今とは異なる他者・世界・自分の「新しい可能性」を見いだすことに他ならない、ということである。そのために必要になるのが、先に述べた通り、わたしとみんなが共に「眠り」から「覚醒」することであった。

では、それを実現するためにはどうすればよいか。グリーンが提案するのが、「民主的コミュニティ」の構築である。「「物事を見る」新たな方法を開く」ことに言及したあとただちに、こう付け加えられている。「民主的コミュニティの再構築に必要な空間を開くような教育の結果をもたらす実践をつくる方法を見つけることもまた重要になる」、と（Greene 1988: 126)。

このように、グリーンが示唆する「新しい見方や考え方を生み出す」方法は、「民主的コミュニティ」をつくることに重点をおく。

そのために「必要な空間」をグリーンは「公的空間」と呼ぶ。それは、一人ひとりの「差異」が「平等」に承認・尊重される空間である（Greene 1988: 116)。ここでいう「民主的コミュニティ」とは、この意味での公的空間によってつくられるコミュニティである。それが「「物事を見る」新たな方法を開」きうるというのがグリーンの見立てである。

そう考えられる理由は、「差異」が承認・尊重されるからこそ人は、固有の存在として、自律的に生きられるからである。それにより、惰性、社会の常識・通念、思い込み、権威への盲従、無気力、無感動などから解放されうる。いわば「覚醒」する。そうなってはじめて人は、「「物事を見る」新たな方法を開」き、今とは違う自分になろうとし始め、今とは違う他者や世界を見ようとし始める。いじめが悪いと思える自分や他者、いじめなき世界へと向かい始める。

また、「平等」とは、一人ひとりの「声」（本章3. 3. 参照）が、同じ空間にいる他の人に、等しく聞き入れられるということである。それが、自分はもちろん他の人も自由になる前提となる。それにより、わたしとみんながいじめは問題だという見方を新たに共有し、協力し始める。

かくして、「「物事を見る」新たな方法を開く」ことで、今とは異なる他者・世界・自分の「新しい可能性」を見いだすためには、公的空間に支えられた「民主的コミュニティ」をつくることが求められる。

3.3. 民主的市民を育む──「声」と「言語」

そのような主張に基づけば、道徳の授業で「新しい見方や考え方を生み出す」ためになによりも必要になるのは、授業が行われる学級や学校を民主的コミュニティにすることである。そして、そのためには、それを担う民主的市民を育む必要がある。

民主的市民を育むためにグリーンがとりわけ重視しているのは、「言語」である。それは、「声（voice）」と「言語（language）」の二つに分かれる。

前者の「声」については、「これまでにはほとんど聞かれることのなかった無数の声が、聞き取られるようにする」ことが指摘されている（Greene 1988: 126-127）。ジェンダー、人種、貧困などの理由で、これまで十分にケアされてこなかった多様な人々一人ひとりの「声」に耳を傾けるようにする。それが民主的な空間を支える。

後者の「言語」は、学問研究の成果としての文化（遺産）を中心とする。教科書に取り上げられているような知識や技能が含まれる。「ここで求められる言語には、意味付け（sense-making）の伝統的な様式、すなわち学問領域（academic disciplines）あるいは研究分野の多くが含まれる」という（Greene 1988: 127）。学問研究の「言語」は，自己，他者，世界などを「意味付け」る手段となる。それを駆使して，自分とは何者か，他者や世界とは何かをとらえる。そのとらえ方に正解があるわけではなく，それぞれについて探求し，「新しい可能性を発見」し続ける。それにより，今ある社会を，不公正や不平等などの問題を改善し，より民主的な社会へと再構築し続ける。

　総じてグリーンは，一人ひとりの思いや意見などを意味する「声」と，学問研究の成果である「言語」の融合を説く。それにより，今とは異なる自分・他者・世界の「新しい可能性を発見」する。つまりは，「「物事を見る」新たな方法を開」けるようにする。その過程が民主的コミュニティをつくり，ひいては民主的市民を育成する基礎を築くとみなす。

　そこから導き出せる道徳授業の原理は，学校や学級を民主的コミュニティとして子どもを民主的市民とし，ひいては「新しい見方や考え方を生み出す」というものである。それはどのような道徳授業になりそうか。

　「言語」という観点から少し補足すると，小・中学習指導要領においても，道徳の授業づくりに関して，言語活動の充実が掲げられている。「児童［生徒］が多様な感じ方や考え方に接する中で，考えを深め，判断し，表現する力などを育むことができるよう，自分の考えを基に討論したり書いたりするなどの言語活動を充実すること」とある。中学校ではこの後に，「その際，様々な価値観について多面的・多角的な視点から振り返って考える機会を設けるとともに，生徒が多様な見方や考え方に接しながら，更に新しい見方や考え方を生み出していくことができるよう留意すること」と続く（文部科学省 2018a: 171; 文部科学省 2018b: 157。下線部，傍点引用者）。学習指導要領の中で，「新しい見方や考え方を生み出す」について言及されているのはここである。「新しい見方や考え方を生み出す」ためには，下線部にあるように，中学校で「多様な見方や考え方に接」し，小学校でも「多様な感じ方や考え方に接」する中での言語活動の充実が求められている。そのためには「多面的・多角的に考える」必要があるとみなされている。

　グリーンは「言語活動」を重視しつつ，「言語」とは何かに踏み込み，その活用を説く。その方法の軸におかれているのは，アートである。アートと道徳

科については，小学校の音楽科・図画工作科，中学校の音楽科・美術科などで道徳教育を指導するよう配慮することが求められている。いずれにおいても，「感性」や「豊かな情操」をアートで養うことが道徳教育につながるとされる（文部科学省 2018c: 135-136; 文部科学省 2018d: 138-139）。グリーンの場合はどうか。

4. アートで育む「新しい見方や考え方」

4.1.「不動の見方」から「新しい意味」へ——モネとピカソ

　言語を活かして「「物事を見る」新たな方法を開く」方法として重視されているのは，音楽，文学，絵画，詩，演劇などのアートである。「……芸術作品には，真に注意を向けるなら，普通は見聞きしないことを見聞きできるようにしたり，思いもよらない——異常ともいえる——調和と不調和を見えるようにしたり，世界の不完全な側面を明らかにしたりする力がある」。芸術作品は，「普通は見聞きしないこと」などを見聞きできるようにするというのである。（Greene 1988: 128）。「真に注意を向けるなら」という条件がつけられているように，アートにふれればただちに新しい見方や考え方が生まれるというわけではない。では，どうするか。その方法を，絵画を例に紹介しよう。

　印象派の画家モネ（Monet, C.）についてグリーンはこういう。「モネは，以前は揺るぎがたく，客観的にそこに存在すると見なされていた事物に対する，光のモデリング効果（陰影やつやなどにより立体感を生じさせる工夫：引用者注）を目に見えるかたちにしている。」（Greene 1988: 130。強調原文。）。その例とされるのが，「積みわら」の連作である（図 1-2）。モネは，自分の家の庭にあった積みわらを，一年を通して描き続けた。同じ光景が，季節や朝昼晩などの違いによって描き分けられている。図 1-2 では，夏の終わり・秋，朝・昼・日暮れという異なる条件で描かれている。

　その「積みわら」はわたしたちに，「不動の見方（visions of fixity）がいかにして変容しうるかということ」，ひいては「時間それ自体が……いかにして新しい意味をもつようになるかということ」に気づかせてくれる（Greene 1988: 130-131）。「積みわら」は，見慣れた場面をとらえ直し，「不動の見方」を異なる見方へと「変容」させ，「新しい意味」を発見するきっかけを与えてくれる。

❸積みわら、夏の終わり（朝の効果）
[油彩、キャンヴァス／60×100cm／1890~91年]
クロード・モネ オルセー美術館 [フランス]

❹積みわら、白昼
[油彩、キャンヴァス／58.4×96.5cm／1890~91年]
クロード・モネ ヒルステッド美術館 [アメリカ]

❺積みわら、日暮れ・秋
[油彩、キャンヴァス／65.8×101cm／1890~91年]
クロード・モネ シカゴ美術館 [アメリカ]

図1-2　モネの積みわら（京都市立芸術大学美術教育研究会，日本文教出版編集部編　2008: 102）

その鑑賞は「「物事を見る」新たな方法を開くこと」の何よりの練習になる。

　モネに続けて言及されているのが，ピカソ（Picasso, P.）の「ゲルニカ」（1937年）である（図1-3を参照）。「『ゲルニカ』に彼が想像して描いた耐え難き痛み」（Greene 1988: 131）が，「新しい意味」をもたらしうるとされる。

　そのための前提とされるのが，前節で論じた，民主的コミュニティにおいて，「「物事を見る」新たな方法を開く」ことである。それに基づいた，アートを用いての「新しい見方や考え方を生み出す」道徳授業について，「ゲルニカ」を題材として考察してみたい。

4.2. 美術における「ゲルニカ」の授業

　まず取り上げたいのは，「ゲルニカ」を用いた美術の授業である。それを「「物事を見る」新しい方法を開く」ことを応用して，市民を育てる道徳授業に転用してみたい。ある美術の授業は，「「ゲルニカ」は語る―時代や社会と美術」をテーマとする（春日他 2016a: 30）。図1-3のワークシートでは，「ゲルニカ」を鑑賞した上で，「何が描かれているでしょうか？できるだけたくさん発見しましょう」と，「作品に描かれている人や動物たちは何と言っているのでしょう」という活動に取り組む。

　授業では，この二つの問いを手がかりに，美術作品から時代や社会を，「自分の価値意識」に基づいて読み解く。それを通して，「ゲルニカ」の普遍的なテーマ，あるいは「ピカソがこの作品に込めた意味」を，「歴史の事実」をふまえて考えながら，「個々の見方や考え方」を探求する展開となっている。「普遍的なテーマ」として想定されているのは，「戦争の不条理や暴力に対する怒

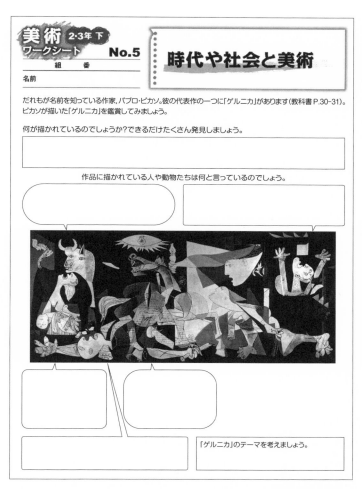

図 1-3 「美術 2・3 年下　ワークシート」No. 5（大橋他編著 2016 を
もとに再構成）パブロ・ピカソ「ゲルニカ」［油彩・キャンヴァス，349.3×776.6 cm］1937，レ
イナ・ソフィア芸術センター蔵．©2023-Succession Pablo Picasso-BCF（JAPAN）写真提供：PPS
Digital Network/PPS 通信社．

りの叫び」である。普遍性を追求する際には，①まず自分で「よく見る」と，
②「正解はない」の二点に留意すべきとされる（春日他 2016b: 28）。

4.3. アートで民主的市民を育む道徳授業

　そのような美術の授業に，民主的市民育成の二つの条件，「声」と「言語」を当てはめてみよう。その授業では，「ピカソがこの作品に込めた意味」を，「歴史の事実」をふまえて考えながら，「個々の見方や考え方」を探求する流れとなっていた。前者の「歴史の事実」は，学問研究の「言語」と重なる。「歴史の事実」の意味を広くとれば，多様な学びが想定される。ゲルニカという都市はどこにあるか。ナチとは。全体主義，国家主義，帝国主義，コロニアリズムなども扱えるかもしれない。「ゲルニカ」以前にピカソが通過したキュビズムやシュルレアリスムとった画法は，美術の歴史に関わる（大橋他編著 2016: 78）。

　後者の「個々の見方や考え方」は，一人ひとりの「声」と重なる。先のワークシートの問い「作品に描かれている人や動物たちは何と言っているのでしょう」はそのための活動となるだろう。動物の内なる「声」を一人ひとりが聞きとり，それぞれの「見方や考え方」を「声」にして聞き合うのである。

　このように「歴史の事実」をふまえた「個々の見方や考え方」を通して「ピカソがこの作品に込めた意味」を探求する際の留意点として，①まず自分で「よく見る」と，②「正解はない」の二つがあげられていた。これについてグリーンは，それと重なりながらも異なる主張をしている。

　グリーンいわく，意味の探求は，学問研究に基づいていたとしても，「終わりや完成はありえない」のであり，「常に残された何かがある。常に可能性がある。そして，そこにおいてこそ，フリーダムを追求するための開かれた空間がある」（Greene 1988: 128）。ここでグリーンは，②「正解はない」に同意している。①まず自分で「よく見る」ことも，「声」を互いに聞き合うことと合致する。

　その上でグリーンは，ピカソが「ゲルニカ」にこめた意味を探すこと以上に，「フリーダムを追求するための開かれた空間」を重視している。そのような「空間」では，一人ひとりが「声」を聞き合いながら，学問研究の「言語」（文化や知識）を活かして対話する。それができるのが，先述の公的空間であり，それに支えられた民主的コミュニティである。そこにおいてこそ，一人ひとりの「差異」が「平等」に承認・尊重され，ひいては「「物事を見る」新たな方

法を開く」可能性が開かれる。そうグリーンは主張する。

　かくして，アートの鑑賞や批評を活かして，学級や学校を民主的コミュニティとし，民主的市民を育む授業が，「新しい見方や考え方を生み出す」ための道徳授業のモデルとみなしうる，ということになる。

　ここで留意すべきは，その授業は「新しい見方や考え方を生み出す」ことそのものを直接めざしていない，ということである。最重要視されるのは，アートの鑑賞において，互いの「声」を傾聴し合うことである。また，鑑賞に関わる学問研究の「言語」を習得しながらそれを活用して，対話することである。「新しい見方や考え方」は，その活動の過程において，事後的に生み出される。たとえば，「ゲルニカ」に描かれた人や動物が何と言っているのかという問いについて，自分では思いつかなかった意見が，他の人から出されるかもしれない。そのような「新しい見方や考え方」は，活動の過程において事後的に成立する。

　この道徳授業においては，「ゲルニカ」という「思いもよらない」，「異常ともいえる」，「不調和」に満ちたアートに戸惑い，触発されて，自分で，また他者と共に，いわば付随的に「新しい見方や考え方を生み出す」。それができる公的空間づくりに力を入れ，あなたとみんなが共在し，相異なる「新しい見方や考え方」が併存できるようにする。そのために，差異が平等に承認・尊重されるような関係性の構築に重点をおく。それにより，学級や学校における民主的コミュニティの担い手としての民主的市民を育成することをめざす。換言すれば，「取り得る選択肢」を複数考え出すことで「子どもっぽさ」を抜け出し，市民への第一歩を踏み出す。アートで育む民主的市民が示すのは，そのような道徳授業のあり方である。

5.　「新しい見方や考え方を生み出す」ことの困難性と可能性

　本章では，道徳教育で求められる「新しい見方や考え方を生み出す」ための原理とそれに基づく授業を検討した。要約すると以下のようになる。「フィンガーボール」において女王がお客にとるべき行動は，事実を元に考えたり，ケアと思考から検討したりすると多様である。その多様な見方や考え方を視野に

入れ，「その場をうまくおさめる」，「場を丸くおさめる」という「大人」あるいは「市民」の振る舞いができるようになるために，「新しい見方や考え方を生み出す」ことは重要である。「新しい見方や考え方を生み出す」とは，グリーンが説く「「物事を見る」新たな方法を開く」を参照すれば，わたしとみんなが，常識に縛られたり，惰性で生きたりすることから抜け出し，共に「眠り」から「覚醒」するということである。その条件は三つに整理できる。

　第一は，一人ひとりの「差異」が「平等」に承認・尊重され，自分や世界の「新しい可能性を発見」しようと思える，また他者がそうすることにも寛容になれる公的空間としての民主的コミュニティである。そのような民主的コミュニティの担い手としての民主的市民を育てることが求められる。

　第二は，一人ひとりの「声」と，人間が作り上げてきた文化や知識からなる「言語」の十分な活用である。それにより，自分の「声」に客観性や公共性がくわわり，私見の言いっぱなしではなく，集団の公的な課題や問題に取り組める民主的市民に近づける。

　第三は，「新しさ」を生み出すためにアートを活用するということである。ピカソの「ゲルニカ」のようなアートに魅了され，戸惑い，触発され，想像力をはたらかせ，語り合う。そのような経験を，「眠り」から「覚醒」し，「新しい見方や考え方を生み出す」ための原動力とするのである。

　ずいぶん回り道の提案と思われるかもしれない。そもそも「新しい見方や考え方を生み出す」ことを直接の目的にすらしていない。様々な概念や理論を組み合わせており，理解も容易ではないだろう。「差異」と「平等」が両立する原理の考察（本章3.2.）はさらに深める必要がある。しかし，道徳授業で「新しい見方や考え方を生み出す」とは，本来，それだけ難しいことなのではないか。その困難を可能に転じるためには，「新しい見方や考え方を生み出す」ことについて，まず教える者が「眠り」から「覚醒」し，「新しい可能性」に開かれる必要があるだろう。本書の提案の核心は、端的に言えばこうなる。「新しい見方や考え方を生み出す」ために，あなたとみんなが本当の意味で自由になろう。そのために民主的コミュニティをつくろう。そのメッセージそれ自体は明快であるはずだ。

参考文献

新井保幸，2016，「道徳教育の在り方に関する批判的考察——読み物資料の解釈のし方を中心に」淑徳大学『国際経営・文化研究』第 21 巻，1 号，pp. 215-227.

宇佐美寛，2005，『「道徳」授業をどう変えるか』（『宇佐美寛問題意識集 13』）明治図書.

大橋功他編著，2016，『美術 2・3 下　美の探求　教師用指導書　授業の指導編』日本文教出版.

春日明夫（東京造形大学教授）他，2016a，『美術 2・3 下　美の探求』日本文教出版.

春日明夫他，2016b，『美術 2・3 下　美の探求　教師用指導書　授業のポイント編』日本文教出版.

京都市立芸術大学美術教育研究会，日本文教出版編集部編，2008，『つくる・見る・学ぶ美術のきほん：美術資料』秀学社.

廣済堂あかつき編集部編，2019，『みんなで考え，話し合う　小学生の道徳 4』廣済堂あかつき.

島恒生（畿央大学大学院教授）他，2019，『小学道徳　生きる力 4』日本文教出版.

ノディングズ，ネル，2007（1992），『学校におけるケアの挑戦——もう一つの教育を求めて』ゆみる出版.

文部科学省，2018a，『小学校学習指導要領（平成 29 年告示）』東洋館出版社.

文部科学省，2018b，『中学校学習指導要領（平成 29 年告示）』東山書房.

文部科学省，2018c，『小学校学習指導要領（平成 29 年告示）解説　総則編』東洋館出版社.

文部科学省，2018d，『中学校学習指導要領（平成 29 年告示）解説　総則編』東山書房.

吉沢久子，1953，『美しい日々のために』三十書房.

Greene, M., 1988 *The Dialectic of Freedom*, New York: Teachers College Press.

第2章

「大人になる」という眺め

上坂　保仁

　どういう立場にしろ，権力者が，教科書を道具に使ってはいけない，しかし，歴史，社会など，過不足なく網羅して，記述を公正にといっても，極端な歪曲はともかく，不満の向きは出るだろう。べつに，教師と教科書と指導要領だけが，教育のすべてではない。（野坂昭如『国家非武装』）（野坂 1981: 144）

1.「大人になる」という「問い」をめぐって
　　──学校における「道徳教育」との関係を考えるために

　「教育」について誰もが何かしらを語ることができるように，「道徳」[1]についてもきっと誰もが何らかの説明をすることができる。あなたが，音声の言語を発することが可能ならば音声による「ことば」を用いて，書くことが可能であれば活字による「ことば」を用いて，周囲からの巧拙の評価や自己評価は問わず，'ジブン'なりの説明が可能だろう。この世に誕生し，いくらかの時を経れば，およそ誰もが，「教育」や「道徳」をめぐって何かしらを語れるようになる。音声を発することや活字を書くことが可能でないならば，別の方法によって，つまり，「ことば」のみならず，生きる人間にとって，まさに千差万別の方法で，「教育」や「道徳」について各々の表現が可能となる。そのことをふまえたうえで，仮に，「教育」や「道徳」を「ことば」で説明せよと求められたら，比較的少なくない人間にとっては何かしらの表現が可能であろう，ということである。あくまでも，「比較的少なくない人間にとっては」。

ここで，そのような「教育」や「道徳」にかかわる問題としての「道徳教育」，なかでも，大学の授業でとり上げられる「道徳教育」に若干目を向けてみたい。教職課程設置の大学では現在，初等・前期中等教育の学校（小学校・中学校等）にかかわる「道徳教育」に関し学ぶ科目は「必修」である。大胆さを許されるならば，教職課程において端的に，大事，ということである。「道徳教育」の講義が行われている大学の授業風景はどうか。「教育」や「道徳」を「取り扱う」教育諸科学を「専門」とする教員によって，昨今隆盛の「アクティブ・ラーニング」（なる「学び」）が称されながら「参加」型のグループワークを仕掛けられる場合もあれば，難解な術語を駆使して「教育」や「道徳」が論理的に解説されたりもする。受講者の気持ちはどうだろう。「なるほど」もあれば「胡散くさい」もあろうし，教員が真剣でも受講者は「笑っちゃう」，反対に，教卓で笑って流されたが自身にとっては「まったく笑えない」だったり。'アタマ' では納得しつつも，「わかるけど，でも……」と首を傾げてしまう，といったこともけっして稀ではないのではないか。教員の対応に，得も言われぬ，だが間違いのない実感として，偽善的要素を看取したり，「いまはまだ大学生なのだから」と「「子ども」扱い」をされたりしながら。大学生は「大人」ではないのか。

　もとに戻そう。「教育」や「道徳」が論じられるさい，「大人」と「子ども」という区分けを疑いのない前提としながら，論が展開される。そこでは，「子ども」からやがて「大人になる」ことは自明とされる。余程のうがった見方をしないかぎり，現代において，人間が「子ども」から「大人になる」（とされている）ということは，どうにもならない社会的事実であり現実である。したがって，どうやら「大人になる」（らしい），ということをいったん受け入れたうえで，「道徳教育」をめぐる問題に焦点を当ててみることになる。

　本章では，「大人になる」ということが現在進行中の若者や子どもをめぐって，特に学校における「道徳教育」との関係から，かれら・かのじょらに生じる（であろう），生じてきた，さまざまな苦悩の一端に着目し考察をおこなってみる。本論では学校内での「道徳教育」の諸活動に焦点化するわけではない。次節にて「子ども観」に関し教育思想史的観点から大枠を整理しておく。そのうえで，第3節以降，「青春時代」と語られることの多い時期に当てはまる若

者や子どもの苦悩,「青春時代」を間近にひかえた子どもたちの苦悩に寄り添ってみる。とはいえ, 本論での目的は心理学的分析や社会学的分析にこたえを求めることではない。具体的な方法として,「戦後」という現代に活躍をみた諸領域の作家による「ことば」をとり上げ,「道徳教育」をめぐる問題との関係から, 若者や子どもの「青春」という苦悩の諸相を主軸に着目を試みる。無論,「青春」なるものは, 人生の特定の時期に限定されるべきではないが, 本論において意味するところは, 生を享けて以来の, いわば最初の「青春(時代)」ということで, 読者諸氏には正確性の許しを請いたい。それが許されるならば,「大人になる」ことが現在進行中の若者や子どもと「青春」とは連なっている。

　そもそも,「大人」とは何か。まずは辞書を確認する。『三省堂国語辞典』(第八版)より,「おとな」の解説文のなかから(諸記号, 品詞, 例文は除き)語意の箇所には以下とある。「おとな[大人]㊀①からだが, じゅうぶんに成長した人。成人。(↔子ども)②分別のある人。㊁おとなしいようす。㊂分別のあるようす。」(見坊・市川・飛田・山崎・飯間・塩田編 2017: 199)。見出しに付された記号表記の意味は「社会常識語」とある(見坊・市川・飛田・山崎・飯間・塩田編 2017: ⒃)。対義語として「子ども」の語もみえる[2]。これらの「解説」に対し, 総論として異論を唱える人はほとんどいないだろう。

　あなたにとって,「大人」とは, どのような「ことば」で表現されるだろうか。まさに十人十色, 各人各様にイメイジされ語られよう。理性的, 感情を抑えられる, 経済的自立, 責任感, 経験の豊かさ, 自律, 自立, 配慮, 利他的, 枚挙にいとまがない。このように列挙すると, いやいや全然違う, との声も即座に聞こえてこよう。狡い, ごまかす, 取り繕う, 裏表, 偽善, 自己中心的等。理想の「大人」像もあれば, 現実社会で垣間見る「大人」像も, あるいは同一人物でもグラデーションがあったり, いずれもが混在する「大人」像であったり。先の辞典の「追い込み項目」に興味深い「ことば」が載っている。「おとなのじじょう[大人の事情]①子どもにはわからない, 大人だけの事情。②積極的には公表されない, 内部の事情。」(見坊・市川・飛田・山崎・飯間・塩田編 2017: 199)。「大人」という語自体, どうやら一筋縄ではいかないようである。ならば,「大人になる」という「問い」の事態はなおさら複雑でありそうだ。

ただいずれも，「大人」のイメイジは，道徳的，倫理的[3]な意味の「ことば」とは結びつくことが頻繁である。「大人になる」諸相をめぐり，道徳的，倫理的な問題と切り離すことができない証であろう。「大人」像自体が千差万別なのだから，「大人になる」ことをめぐり切り離せない道徳的，倫理的な問題は多様で複雑である。それらは，「大人になる」ことが現在進行中の若者や子どもにとって切実でもあろう。現代に生きるかれら・かのじょらは，制度化された学校教育という日常から自由に逃れることができないからである。

　かれら・かのじょらの多くは，日本の初等・中等教育機関（学校）での「道徳教育」に接する人間であり，学校教育制度のなかで，文部科学省から「告示」される「学習指導要領」とのかかわりから逃れられない。意図的無意図的を問わず，「学習指導要領」から何らかの影響を受けていることになる。すると，疑問が生じる。たとえば，「学校での「道徳教育」は国家が示す価値から逃れられないのではないか」，あるいはまた，「「道徳」の「指導（法）」とは，「規範意識」を高めることに傾斜する可能性が高いのではないか」，といったように。小学校・中学校の「学習指導要領」に明記された，「学校の教育活動全体を通じて行うもの」である「学校における道徳教育」（そしてそのさいの「道徳」）が，「大人になる」ことが現在進行中の若者や子どもにとって（理性であれ漠然とした内面にとってであれ），折にふれ，齟齬や違和感，矛盾へのいらだちや葛藤，絶望等，苦悩を生み出していることは，めずらしい問題でもないし真新しい問題でもない。もちろんここで，「学習指導要領」の是非を裁断したり，学校での「道徳教育」の否定を目的としているわけではない。本章では，学校教育を〈経験〉している若者や子どもたちの多くが，社会への疑問や生きる自身への苦悩を表現する文章や歌に対し，なぜ共感を示し続けるのかという点をいま一度眺めてみたい。それによりかえって，学校における「道徳教育」では語られなかったり，語ること自体が暗黙に許されなかったり，はたまた，何かしら満たされない，何かがこぼれ落ちてしまっている，といった実感にかかわる問題が浮かび上がるのではないか。「道徳（教育）」をめぐり，若者や子どもと呼ばれて生きる人間にとって，学校空間では「お題目」，スルーされること，ささいなことであっても，かれら・かのじょらにとってはアクチュアルな疑問（問題）であることとは何かについて，論証されることが期待さ

れる。つまり，統計学的な分析手法によってではなく，若者や子どもが直面する苦悩自体への注視を，作家等の「ことば」に連ねて（いわば臨床教育人間学的に）考察を試みるというわけである。それらにより，いわば「「大人になる」という眺め」が，実に多種多様な苦悩の「生身」としてのありようを明かす一端となるだろう。それらが垣間みえること自体が，「市民」とは何かを問いながら，「市民」を「育てる」ことと「道徳教育」について考えるひとつの契機となるにちがいない。

2. 「子ども」と「大人」の境界？

　　万物をつくる者の手をはなれるときすべてはよいものであるが，人間の手にうつるとすべてが悪くなる。（ルソー 1962: 23）（ルソー『エミール』）

　18世紀フランスで主に活躍した思想家ジャン・ジャック＝ルソー（Rousseau, Jean-Jacques 1712-1778）による『エミール，または教育について』（Émile, ou De l'education, 1762）（以下，『エミール』）「第一編」の冒頭である。教育学を学んだことのある人なら，教育学の古典として一度は接したことがある一文だろう。「人間の手」の「人間」とは「大人」である。現代では自明のごとく語られる「子どもの「個性」」という観点の源流を求めるならば，ルソー教育思想はその嚆矢であり，「近代」教育思想を支える重要な原点のひとつであるといってもいい。本節では，「子ども観」が論じられるさいに象徴的ないくつかの捉えかたに着目することで，「子ども」と「大人」の区分をめぐる問題にかかわる教育思想（史）的な特徴（論点）を，簡単に整理し，確認しておく。「子ども観」の変遷への着目は，少なくとも，「「大人になる」とは」という「問い」を考える前提として無駄ではないだろう。
　直前でみた「第一編」より前の「序」において，ルソーはすでに，次のように喝破している。「人は子どもというものを知らない。子どもについてまちがった観念をもっているので，議論を進めれば進めるほど迷路にはいりこむ。このうえなく賢明な人々でさえ，大人が知らなければならないことに熱中して，子どもにはなにが学べるかを考えない。かれらは，子どものうちに大人をもと

め，大人になるまえに子どもがどういうものであるかを考えない」（ルソー 1962: 18)。ルソーは「子ども」と「大人」を分けて語る。汚れた「大人」社会ではない，「子ども」には「子ども」（特有）のワールドがあるとみた。ルソーによる「「子ども」の発見」である。ルソーは，当時の欧州における既存の社会，すなわち「大人」の造り上げた諸制度は，堕落したものであり，本来の「自然人」たる人間を抑圧していると考えた。「偏見，権威，必然，実例，わたしたちをおさえつけているいっさいの社会制度がその人の自然をしめころし，そのかわりに，なんにももたらさないことになるだろう」（ルソー 1962: 23)。だからこそ，「子ども」という人間の「自然」（Nature）の教育を重視し，「人間」の教育と「事物」の教育に比して，「自然」の教育を重視し，子どもの内面の自然性を尊重した。ルソーにおいて，子どもは第一に自然性（本性），と述べて過言ではない。まさに「近代」として，教育という営為の対象として「子ども」が捉えられていることが含意されながらも，子どもの内面の自然性の尊重は，人間の「善（bien）」への信頼ゆえであった。いずれにせよルソーにより，汚れた「文明人（社会人）」としての「大人」とは対立的に「子ども」が描かれたことに相違はない[4]。

　「子ども観」をめぐるルソーの「「子ども」の発見」という捉えかたは，フィリップ・アリエス（Ariès, Philippe 1914-1984）の登場により大きく揺さぶられることになる。1960 年発表の『〈子供の誕生〉——アンシャン・レジーム期の子供と家族生活』（*L'enfant et la vie familiale sous l'Ancien régime*）において，「中世の社会では，子供期という観念は存在していなかった」（アリエス 1980: 122)との見解を示した。アリエスは，当時の絵画において，子どもと大人の服装に区分けがみられなかったこと等を指摘しながら，西洋中世においては，身体的に大人とみなされるや子どもは大人とともに生活を送るようになったこと，つまり，中世の徒弟制度により大人社会（世界）への参入があたりまえとされた社会状況おいて，いわゆる子どもは「小さな大人」であったと主張した[5]。もっとも，このようなアリエスによって示された「子ども観」に関する問題提起は，さらなる議論を生み出した。たとえば，カナダの歴史家エドワード・ショーター（Shorter, Edward 1941- ）は，『近代家族の形成』（*The Making of the Modern Family*, 1975）の「本書のねらい」を「アリエスの古典的分析に一つの

修正をくわえること」と明言し，アリエスが対象にした資料は「上流のブルジョワジー」に関するものとして疑問を投げかけた（ショーター 1987: 178）。

　駆け足ではあったが，「子ども観」の変遷への着目により，「子ども」と「大人」という区分けにもとづく見方が，必ずしも古来永続してきたわけではないという点も垣間みえたのではないだろうか。あらためて，「子ども」の「個性」の重要性を再確認した人もいるだろう。あるいは，つくられた「子ども」像に疑問をいだきながらも，現代において「子ども」が「子ども」として認識されている事実への直面で悩んでしまう人もいるだろう。ただ，いずれの「子ども観」をも，「「大人になる」ということ」の探究には力を与えてくれそうである。そのさい，みてきたいずれをも，「子ども」と呼ばれる人間が，それぞれの時代や地域の共同体（社会）における「道徳」の問題から切り離されることはない。いうまでもなく，時代や地域により，慣習や習俗は異なり，それらは維持されたり変化したりするが，さまざまなすがたによる各々の共同体の「道徳」が「子ども」に影響を及ぼしてきたことは間違いない。そして，「公教育」としての学校教育体制に生きる現代の「子ども」は，いわば，制度化された学校教育によって陰に陽に提示される「道徳」と，共同体（社会）の慣習や習俗における「道徳」とのなかで，「大人になる」ということに向き合っていることになる。そのさい，現代の各共同体（社会）と「民主的〔民主主義的〕であること」との関係へのまなざしを忘れないならば，「大人になる」ことにおいて「市民」とは何かを問うことだけでも現代的意味をもつのではないだろうか。

　文化人類学者の原ひろ子によれば，「だいたい，生後一年の乳児については，人類社会に共通して（傍点引用者），「赤ちゃん」の段階が認識されているようである」（原 1979: 225）とされる。あえて，誕生以来，「大人になる」ことへ向かっていると考えてみるならば，少なくとも「赤ちゃん」（の段階）という，「人類社会に共通」の認識を確認できることは，とりわけ現代において，何かしら救われる気がする。

3.　青春という特権と苦悩 ❶──「ほろ苦さ」の経験

　大人というものは侘しいものだ。愛し合っていても，用心して，他人行儀を

守らなければならぬ。なぜ，用心深くしなければならぬのだろう。その答は，なんでもない。見事に裏切られて，赤恥をかいた事が多すぎたからである。人は，あてにならない，という発見は，青年の大人に移行する第一課である。大人とは，裏切られた青年の姿である。（太宰 2004: 41）（太宰治『津軽』）

　ヒット曲には〈ひらめき〉が必要である。ひらめきの対極にあるのは，〈分析〉だが，大衆が何を求めているかは分析ではわからない。（なかにし 2011: 141）（なかにし礼『歌謡曲から「昭和」を読む』）

　小・中学校の「学習指導要領」における，「学校における道徳教育」の「目標」として次のような文言がある。「人間としての（引用者注：「小学校」：自己の）生き方を考え，主体的な判断の下に行動し，自立した人間として他者と共によりよく生きるための基礎となる道徳性を養うことを目標とする」[6]。また，「要」とされる道徳科において，子どもが学ぶ内容として重要とされる道徳的諸価値が，四つの「内容項目」，「A　主として自分自身に関すること」「B　主として人との関わりに関すること」「C　主として集団や社会との関わりに関すること」「D　主として生命や自然，崇高なものとの関わりに関すること」で示されている。「内容項目」は「道徳教育における学習の基本」「生徒（引用者注：「小学校」: 児童）が主体的に道徳性を養うことができるようにしていく必要がある」（文部科学省 2018b: 24，文部科学省 2018a: 26）とされる（巻末資料「「道徳の内容」の学年段階・学校段階の一覧表」参照）。小・中学校とも道徳科の「目標」として，「よりよく生きるための基盤となる道徳性を養うため」「自己を見つめ」「多面的・多角的に考え」「生き方についての考えを深める」とあり，「道徳的な判断力，心情，実践意欲と態度を育てる」と明示される[7]。「内容項目」には「キーワード」が付されている。中学校の「B」を例示すると，「思いやり，感謝」「礼儀」「友情，信頼」「相互理解，寛容」とある。他にも「自由と責任」，「公正，公平，社会正義」「よりよく生きるよろこび」等が並ぶ。なるほど，およそ「もっともな」ワードばかりである。「学習「指導」要領」である。だが，これらのキーワード一覧と各内容項目の文言が提示された瞬間，「実に素晴らしい！」と手放しで，心の底から，涙が出るほど，合点がいき納

得するだろうか。「内容項目」は理性的にもちろん理解できても，何かしっくりこない，何かしら満たされない，何かがこぼれ落ちてしまっている，といったような実感が湧くことはないか。人生はそんなにも規定可能なものだろうか。そんなにも割り切れるものなのか。

　生きかたの選択を迫られる場面や状況への直面は，「大人になる」さい避けられまい。以降，直前のような，何かしっくりこない，何かがこぼれ落ちてしまっている等の実感をめぐり，社会への疑問や生きる自身への苦悩を表現する（代弁してくれる）文章や歌謡曲の詞（詩）に着目する。「指導」要領の「論理」からすれば「それを言うとややこしくなる」「わかるけど，学校は学校なのだから余計なことを言うな」と敬遠される問題かもしれないが，少しばかり探究してみたい。学校は卒業（中退）できるが，人生は卒業も中退もできない。

3.1. 失恋

　ヒット曲「青春時代」の歌詞を，作詞家阿久悠は次のように綴った。

> 青春時代が夢なんて
> あとからほのぼの思うもの
> 青春時代のまん中は
> 胸にとげさすことばかり　（阿久 1976）

　若者や子どもにとって「胸にとげさす」ことは限りなくあろう。とりわけ，「青春時代」にあるかれら・かのじょら（のほとんど）にとっては，今も昔も，恋〔恋愛〕の問題は避けて通れないはずである。けれども，中学校道徳科の「内容項目」に「恋」の字は見当たらない。恋が「うまくいかない」場面や状況で「苦悩」に陥る。たとえ「うまくいっ」ていても，相手を疑ったり，嫉妬したりして不安をいだき苦悩する。恋を言語化するほどさらにわからなくなったりする。

> 大人になりたい頃がある
> 恋を知りたい頃もある

あの娘の笑顔も　約束も
　　信じられないことばかり
　　ああ　このむなしさは　もう恋なのか　（浜口 1970）

　愛弟子のにしきのあきらに歌わせた浜口庫之助による「もう恋なのか」の一
節である。「信じられないことばかり」は恋の儚さ，そのさいの，「まさか」を
知るときなのかもしれない。可視的にはわからない，ときに，裏切りと呼んで
いいか否かもわからないなかで，疑いたくないはずなのに疑っている自己を認
識する。宮本浩次作詞「今宵の月のように」歌い始めをも付しておこう。失恋
に直面しても，青春を生きる人間は「カッコ（格好）つけなきゃならない」こ
とだってある。

　　くだらねえとつぶやいて
　　醒めたつらして歩く
　　いつの日か輝くだろう
　　あふれる熱い涙

　　いつまでも続くのか
　　吐きすてて寝転んだ
　　俺もまた輝くだろう
　　今宵の月のように　ah, ah　（宮本 1997）

3.2. 挫折

　「過去の失敗は繰り返さない」を合言葉に，世の中全体が，失敗を防ぐた
めに必死に努力しているようです。
　もちろん，それこそが人類の知恵なのでしょう。
　しかし，何だか少しだけ，もったいない気がします。
　なぜなら，挫折の機会が，明らかに減ってしまっているからです。（中竹
2008: 166）

失敗は敬遠されることなのか。教室で，「たとえ失敗してもいいのだから」と笑顔で説かれても，いざ予定された授業内容通りに進んでいないと，やんわりと「指導」されることはないだろうか。誰のための授業なのだろう。本項冒頭は大学ラグビー部の元監督中竹竜二『挫折と挑戦』からの一節である。挫折による挑戦の機会との関係はさておき，さまざまな挫折の瞬間や事後は，「いざ」というときの「大人」の応対に不信を経験するとともに，内面の痛みを知るからこそその他者へのまなざしが，次第に醸成される契機なのかもしれない。

3.3. 反抗と自棄（ヤケ）

　学校（教室）での教員による言動が，若者や子どもにとって，矛盾と映ることがある。たとえば，高校で「生徒の遅刻は叱責されても，教員の遅刻を指摘したらキレられた」。そこで，「先生」に矛盾を質問したら一蹴されたため食い下がった。「教員の遅刻には正当な理由があり，理にかなっている」という説明に納得できなかったから。反抗した，わけである。権力的関係のなかでの矛盾の正当化により信頼関係は失われている。教員の「理」に卒業まで納得できず，「勝手にしろ」と反抗的なまま過ごしたり自棄（ヤケ）になる時間も，青春の苦悩のすがたであろう。

　もっともこのような例において，元来，聖人君子たらんとする教員の（精神的）態度に根源的な疑問の一端があるのではないか。矛盾を内包した人間としての教員像をめぐって，内田樹の慧眼に学ぶところがある。

　　きれいに理屈が通っている，すっきりしている先生じゃダメなんです。それでは子どもは育たない。成熟は葛藤を通じて果たされるからです。（中略）
　　子どもたちが長い時間をかけて学ぶべきなのは「すっきりした社会の，すっきりした成り立ち」ではなく（そのようなものは存在しません），「ねじくれた社会の，ねじくれた成り立ち」についての懐の深い，タフな洞察だからです。
　　ですから，先生たち自身が「ねじれた」存在であることは教育的にはまったく問題がない。（内田 2008: 114）

3.4. 反抗と自制

前項で，反抗したまま過ごしたりヤケになる時間の苦悩をみたが，そうはいっても，ナンダカンダ無事に学校生活を送らねばと思い至ることがきっと多いだろう。「言いたいけれど……」と反抗したくても自制し，自律する。作家三島由紀夫は，『不道徳教育講座』と題した随筆で，「先生」への対処の手引き的に，洒脱なアドヴァイスをくれている。

　　しかし諸君のほうは，理解されようとねがったり，どうせ理解されないとすねたり，反抗したりするのは，いわば弱さのさせる甘えにすぎぬ。「先生なんて，フフン，俺たちを理解なんかできるもんか」と，まず頭から考えてまちがいない。その上で，「フフン，勉強はしてやがるが，理解なんかされてはやらないぞ」という気概を持てばいい。私の言いたいのはそこです。
（三島 1999: 15-16）

「国文法」的には少し適当でないが，いわば「抑えるを知る」，ということであろう。それは青春時代において，ときに情けなさを感じるかもしれない。だが，「やさしさというものは，大人のずるさと一緒にしか成長しないものです」（三島 1999: 15）と断言することで若者や子どもへ勇気を与えようとした三島の「ことば」は，少なくとも，かれら・かのじょらの内面を裏切ることはない。

4. 青春という特権と苦悩 ❷ ──「見えないこと」のアクチュアリティ

　　何が美しい，何がカッコいい，何が恥ずかしいか，
　　この三つの基準だけをしっかり持って照合すれば立派に生きられる。（阿久 2018: 8）（阿久悠『日記力』（『君の唇に色あせぬ言葉を』所収））

直前までにも不可視な内面の問題をとりあげてきた。本節ではさらに，多様が世界そのものである町（市街）をめぐって，そして，友〔友だち〕（は何故に友か，いかにして友か）という問いを考えてみたい。

4.1. 町（市街）に出る

世界歴史の教科書に

さびしいという文字がない　（寺山 1979）

　詩人寺山修司による詞（詩）である。続けてかれの主著のひとつ『家出のすすめ』の一節をみてみよう。「わたしは，すべては合理化されてゆく風潮にひどくイラダチを覚えることがあります。／つまり，心のなかまで科学的に区画整理されてゆき，科学だけが正義であって，他は迷妄だとされるならば，人生のにがい心の恍惚も不安もイミのないものになってしまうでしょう」（寺山 1972: 209）（引用者注：「／」は段落）。まさに『書を捨てよ町へ出よう』とは寺山の著書名（さらに演劇，映画作品名）だが，「おとなになる」若者や子どもにとって，雑踏である町（市街）という状況〔情況〕に，ある・いること自体が，多様をシャワーのように浴びる，種々雑多という未知に接する「学び」であろう。予定調和とは距離のあるできごとばかりである。つまり，多発する偶然に出会う。肩を組まれ泥酔して居酒屋から出てきた「おっちゃん」。笑っているのに涙がこぼれている。電信柱を蹴ってるぞ。どうしたのだろう。明日大丈夫かな……。想像するしかない。「おっちゃん」が行きつ戻りつ夜道を歩くように，人間は，ときに，あちらへ行ったりこちらへ戻ったり止まったり宛もなく進んだりするものではないか。けっして直線的な発達観ではない，繊細さをはじめ泥くさく，語り得ず，また想像的世界を含めたごちゃごちゃした諸相が，感覚，感情，感性をもつ人間の営みであろうから[8]。あらためて，寺山と阿久の「ことば」をみておきたい。

　　思い出ということばは，科学を裏切る。人は思い出を持つことができるが，
　　事物は思い出をもつことができないからである。（寺山 1973: 208）

　　つまり，社会とか世の中の仕組みとか，そういう大きなものに対しては，
　　いつも怒りを持っているようにする。
　　けれども，人間に対しては，極端なぐらいやさしい見方をする。

そういう考え方でなければいけない，とぼくは思っている。（阿久 2018:
192）

4.2. 友を解る
4.2. ⓐ 「盛り上がる」──無駄

　よけいな時間というのがあればあるほど
　世の中ってのはおもしろい。　『作詞入門』（阿久 2018: 29）
　無駄と遠回りほど価値あることはないのだ。　『清らかな厭世』（阿久
2018: 119）

　友だち同士で「盛り上がる」ことは，ときに「ばか騒ぎ」として非難される。
たしかに，いうまでもなく，騒ぐことで周囲に迷惑をかけることが誤りに相違
ない。そのうえで，ただ，「青春時代」にある人間にとって，嫌なことを忘れ
たかったり，寂しさから抜け出したいがため，友だちと「盛り上がって」しま
うことは，一度くらいはないだろうか。そこでは，それこそ，ばかばかしい話，
他愛もない話に明け暮れることがある。とはいえ，傍からみれば無駄でしかな
いことに夢中になることにこそ，それ自体に意味がある。数量化した価値を至
上のものとしかねない傾向への批判であり，関係性における冗長性の承認でも
ある。「無駄と遠回りほど価値ある」と言い切った阿久の真意はここにあるの
ではないか。

4.2. ⓑ 「そっとしておく」──贈与

　ジョニィが来たなら伝えてよ
　二時間待ってたと
　割と元気よく出て行ったよと
　お酒のついでに話してよ
　友だちなら　そこのところ
　うまく伝えて　（阿久 1973）

再び阿久の詞を引用する。「目は口ほどにものを言う」といわれるが，笑っている友だちがどこかしら悲しそうにみえた経験はないだろうか。無論，神秘的な意味ではない。発展する医学によって解明される科学的な知見を認識しながらも，何かを察したり，視線を感じる，といった経験はあるだろう。「ほんとうの友だち」をめぐり，北野武（ビートたけし）は以下のように論じる。「友だちを助けるのは，いつか自分が助けてもらうためではない。友だちが好きだから，助けるだけのことだ。友だちを助けることで，自分が不利益をこうむったとしても，それでも助ける。それがほんとうの友だちってものだ」（北野 2018: 142）。黙っていても友は友である。アクティヴに動けばいいというものではない。そもそも可視的なアクティヴとは誰のためなのだろうか。「そっとしておく」ことは，関係性において見返りを求めない贈与のひとつのあらわれともいえる。それは「見えないこと」のアクチュアリティのひとつでもあるといっていいかもしれない。「待つことには，偶然の（想定外の）働きに期待することが含まれている。それを先に囲い込んではならない」（鷲田 2006: 18）と哲学者鷲田清一は述べているが，友からの「想定外」は友との贈与の関係性を，ときに裏切り，ときにより強固に濃密にする。そして，「青春時代」にあって，友との別れを経験する場合もある。そのとき，あるいは事後に，「かけがえのなさ」を知ることがある[9]。

4.2. ⓒ　「あしたはどっちだ」──賭け

　　同じ背広を　初めて買って
　　同じ形の　蝶タイ作り
　　同じ靴まで　買う金は無く
　　いつも　笑いのネタにした
　　いつか売れると　信じてた
　　客が二人の　演芸場で　（ビートたけし 1992: 8）

　漫才師ビートたけしによる『浅草キッド』からの引用である。曲として歌詞にも採られている，いわゆる売れない頃を描いた詩であり，後進の芸人たちか

らも好んで歌われている。なぜ，芸人たちの心を掴み続けるのか。「世間」と呼ばれる社会的に，生計を立てていくこととは程遠い芸人の世界への入り口にあって，まだ見ぬ，見えぬ未来への不安という苦悩が消え去ることはない。そのなかでビートたけしは，不安と希望を共有する友である「相方」との関係性を描いている。喧嘩もすれば，共に笑い，共に泣き，喜怒哀楽を経験する。実存的な，未知なる未来への「賭け」である。選択が迫られる瞬間がある。寺山による「あしたのジョー」主題歌の‘サビ’に以下の一節がある。

　　あしたは　きっとなにかある
　　あしたは　どっちだ　（寺山 1970）

　あしたという未来への「賭け」は不安を生む。未来へ賭けるのは，「自分」という「ひとり」であり，自らがある・いること自体をめぐる孤独を意識させよう。関係性の視点から，そのような「ひとり」を，いわば自然的に承認してくれ（てい）る人間を，「友〔友だち〕」と呼ぶことがある。

5.　「生身」であることを思考するために

　以上，社会への疑問や生きる自身への苦悩を表現する「ことば」への着目により，「青春時代」にある若者や子どもにとってのアクチュアルな疑問（問題）であることとは何かについて，いくばくかは明らかになったであろう。あえてずるい表現を用いるなら，論証にもかかわらず断定的表現を頻繁に用いられなかったこと自体がひとつの論証の一端でもある，とは許されないであろうか。千差万別な個の内面の問題としての苦悩や機微を一般化することはできない。そのうえで，学校における「道徳教育」に直面し，何かしっくりこない，何かしら満たされない，何かがこぼれ落ちてしまっている，といった「大人になる」若者や子どもの「生身」としての苦悩という実感の問題にわずかながらではあるが接近できたのではないだろうか。
　みてきたように「町（市街）」では，「ひとり」であること，あるいはまた，「ひとり」でいたいという人の存在は，多様のなかで自然的に承認される。同

様に、「市民」ではいたくないという人の存在も「町（市街）」において自然的に承認されることが否定されてはならない。「市民」（citizen）の語源と「町（市街）」（city）の語源は同じであるという。ならばなおさらとでもいおうか、「市民」とは何かという問いへのこたえをめぐって、まだまだわからないことばかりである。ただいずれであれ、現代において、「大人になる」こと自体を奪われたり、日々生きることで精一杯の、学校教育の問題を考えることすら許されない状況におかれた人々の内面を、せめて想像することだけでも忘れてはなるまい。

【ワーク】

　　あなたが興味をいだく邦楽のなかから、青春の「苦悩」を読みとれる曲を、理由とともに挙げてみよう。もし、興味をいだく曲がない場合はその理由を考えてみよう。

註

1）教育学の領域において、「道徳」の語義は、日本語の語源として、「道」と「徳」の漢字が紐解かれながら（またいわゆる中国大陸由来の語として）提示されるとともに、西洋語およびその起源や訳語をめぐるアプローチを中心としながら等、さまざまに解説されてきた。たとえば、教育思想史学会編『教育思想事典［増補改訂版］』における項目「道徳」内、「語義」欄の冒頭部は以下である。「人間の行為や性格を人間や他の生命体との諸関係のなかで「よい・わるい」「正しい・不正な」等として評価するときの規準（規則・原理）、あるいはその規準をめぐる評価的言説や行動の総体。一般には倫理とほぼ同義に用いられる。ラテン語で習俗を意味する mores から moral（道徳的）という語が、ギリシャ語の ethos（慣習）から ethical（倫理的）の語が、ドイツ語の Sitte（慣習）から sittlich（人倫的）の語が派生したように、道徳はもともと集団や社会によって承認された慣習としての規範を意味している」（松下 2017: 580）。

2）『三省堂　反対語対立語辞典』によれば、確認するまでもなく、「大人　おとな」の反対語（対立語）は「子供　こども」とある（三省堂編修所編 2017: 62）。つづけて「大人気　おとなげ」（引用者注：その後に「—ない」との表記＝「大人気ない」という「ことば」の例示）の反対語として「可愛げ　かわいげ」の語がみえるが（三省堂編修所編 2017: 62）、現代語にみられるこの対立関係は、第2節でふれる「子ども観」をめぐっての教育思想（史）と

切り離せない問題といえる。

3) 「道徳的」と「倫理的」，その基としての，「道徳」と「倫理」という語の使用をめぐり，本章ではほぼ同じような意味で把握するものとする。「道徳のそもそもを考える」との副題が付せられた，佐藤岳詩による『メタ倫理学入門』において，「倫理」と「道徳」を，「基本的には同じことを意味するものとして扱う」と明言され，理由が以下のよう説明されている。「ここで倫理（ethics）と道徳（moral）は違うのか，同じなのかと疑問をもつ人がいるかもしれない。もともとは両者はギリシア語とラテン語の違い（mores とethos）でしかなく，どちらも慣習や習俗を意味するものである。ただし，後世の倫理学者たちの中には，自分たちの関心に合わせて，それぞれに特別の意味をもたせて使う者もいる」（佐藤 2017: 3）。あるいはまた，『入門・倫理学』冒頭にて編者の赤林朗と児玉聡は連名で，「論者によっては，道徳は特定の個人がもつ心のあり方や社会に共有される一般的な態度を指し，倫理は特定の個人や社会を越えたより普遍性を持った規範を指すといった区別をする場合もある」等としながらも「「道徳」と「倫理」は言い換え可能なもの」と明示している（赤林・児玉 2018: 10）。註1の松下による解説とあわせ，それらをふまえたうえで，本章では「道徳」と「倫理」をほぼ同じ意味で用いる。

4) ちなみに，『エミール』における「道徳」の主題を端的にはどのように捉えればよいであろうか。『エミール』全体を通じて道徳教育論とみることも可能だが，たとえば，善悪の判断に関連しルソーは「良心」を提示し論じている。「良心こそ人間のほんとうの案内者だ」「良心に従う者は自然に従い，けっして道に迷う心配はない」（ルソー 1963: 164）。

5) このことは，西洋中世において「子ども」と「大人」の区別は明確だったと断言できないことをも意味する。なお，ルソーの「「子どもの発見」という見方」と対比しながら今井康雄は，「アリエスの主張に従えば，近代以前には「子ども」は現実に存在しなかった。子どもは，発見されたというより発明されたのだ」とし，「子どもの発明」として論じ，くわえてアリエスの主張を近代社会批判として分析している（今井 2009: 295-296）。

6) 引用の基は「中学校学習指導要領」であり，引用内「引用者注」とした「小学校」とは「小学校学習指導要領」における文言である。また，特別支援学校小学部・中学部も，学校の名称に関する以外は同様の内容であることを対等の文脈として併記しておく。

7) 道徳的価値や道徳性をめぐる問いは史上絶え間ない。「人間的道徳的の問題が十分な自覚を以て明かに把捉され，個々の道徳的思想が全体的自覚の下に統一されたのは，ソクラテスに始まるといっても大過ないであろう」（安倍 1948: 12）（筆者引用注：現代仮名遣いに改めた）とは安倍能成だが，西洋古代以来，さまざまな道徳説が幾重にも展開されてきた。「最大多数の最大幸福」

をとなえた J. ベンサム（Bentham, J.）や J. S. ミル（Mill, J.S.）の帰結主義（功利主義），対して「定言（的）命法」を主張する I. カント（Kant, I.）の義務論は代表的な道徳説である。徳倫理学としての論もある。また，心理学領域から道徳性の「発達」の問題が議論されてもきた。

8) このことは，田中智志が，「万人が「自分らしさ」を求める時代」において「「現実の自分」と「理想の自分」をともに貫くような「事前／潜在のテロス」に向かっていないだけではないか，他者を支え援ける「主体化」に向かっていないだけではないか」（田中 2017: 207）と洞察し疑問を呈していることと関連する。

9) これに関連して，鳶野克己の指摘から学んでおこう。「出会いの大切さを語る教育論は，基本的に，こうした来るべき明日の新しさに与する前望的な人生観に立っている。しかし，この前望性は，未来へ向けての生きる希望を強調するあまり，限りあるいのちを生きるあなたが目の前の今ここにあることの「かけがえのなさ」の感覚を鈍麻させてしまう」（鳶野 2016: 196-197）。

参考文献

赤林朗・児玉聡，2018，「Ⅰ　倫理学の基礎」（総論），赤林朗・児玉聡編『入門・倫理学』勁草書房.

阿久悠，1973，「ジョニィへの伝言」（作詞），都倉俊一作曲，ペドロ＆カプリシャス・歌，芸音レコード／アトランティックレコード（ワーナー・パイオニア）（レコード）.

阿久悠，1976，「青春時代」（作詞），森田公一作曲・編曲，森田公一とトップギャラン・歌，CBS・ソニー（レコード）.

阿久悠，2018，『君の唇に色あせぬ言葉を』河出書房新社.

安倍能成，1948，『西洋道徳思想史』角川書店.

アリエス，P.，（杉山光信・杉山恵美子訳）　1980，『〈子供の誕生〉──アンシャン・レジーム期の子供と家族生活』みすず書房.

今井康雄，2009，「第 4 部　現代の教育思想　第 15 講　新教育以後の教育思想」，今井康雄編『教育思想史』有斐閣.

内田樹，2008，『街場の教育論』ミシマ社.

北野武，2018，『新しい道徳──「いいことをすると気持ちがいい」のはなぜか』幻冬舎.

見坊豪紀・市川孝・飛田良文・山崎誠・飯間浩明・塩田雄大編，2022，『三省堂国語辞典』第 8 版，三省堂.

佐藤岳詩，2017，『メタ倫理学入門──道徳のそもそもを考える』勁草書房.

三省堂編修所編，2017，『三省堂　反対語対立語辞典』三省堂.

ショーター，エドワード（田中俊宏・岩瀬誠一・見崎恵子・作道潤訳），1987，『近代家族の形成』昭和堂.

太宰治，2004，『津軽』（改版）新潮社.

田中智志，2017，『何が教育思想と呼ばれるのか——共存在と超越性』一藝社.

寺山修司，1970，「あしたのジョー」（作詞），八木正生作曲，尾藤イサオ・歌，
　　キングレコード（レコード）.

寺山修司，1972，『家出のすすめ』角川書店.

寺山修司，1973，『幸福論——裏町人生版』角川書店.

寺山修司，1979，「もう頬づえはつかない」（作詞），田中未知作曲，J・A・シー
　　ザー編曲，荒井沙知・歌，ビクター（レコード）.

鳶野克己，2016，「第7章　「かけがえがない」とはどういうことか——「別離」
　　の教育人間学試論」，鳶野克己編『人間を生きるということ——「体験」の教
　　育人間学に向けて』（立命館大学人文学企画叢書 07）文理閣.

中竹竜二，2008，『挫折と挑戦——壁をこえて行こう』PHP 研究所.

なかにし礼，2011，『歌謡曲から「昭和」を読む』NHK 出版.

野坂昭如，1981，『国家非武装——されど　我，愛するもののために戦わん。』光
　　文社.

浜口庫之助，1970，「もう恋なのか」（作詩），浜口庫之助作曲・編曲，にしきの
　　あきら・歌，CBS・ソニーレコード（レコード）.

原ひろ子，1979，「5「原初社会」における子ども観」，大田堯他編『岩波講座
　　子どもの発達と教育 2　子ども観と発達思想の展開』岩波書店.

ビートたけし，1992，『浅草キッド』新潮社.

松下良平，2017，「道徳」，教育思想史学会編『教育思想史事典［増補改訂版］』
　　勁草書房.

三島由紀夫，1999，『不道徳教育講座』（改版）角川書店.

宮本浩次，1997，「今宵の月のように」（作詞），宮本浩次作曲，エレファントカ
　　シマシ・歌，ポニーキャニオン（レコード）.

文部科学省，2018a，「小学校学習指導要領（平成 29 年告示）解説　特別の教科
　　道徳編」廣済堂あかつき.

文部科学省，2018b，「中学校学習指導要領（平成 29 年告示）解説　特別の教科
　　道徳編」教育出版.

ルソー（今野一雄訳），1962，『エミール（上）』岩波書店.

ルソー（今野一雄訳），1963，『エミール（中）』岩波書店.

鷲田清一，2006，『「待つ」ということ』角川学芸出版.

第3章

「よりよく生きるための基盤」としての道徳性
―物語教材「かぼちゃのつる」を読み解く―

井谷　信彦

1.「よりよく生きる」とは何のことか？

　本章の課題は，「よりよく生きるための基盤」としての道徳性をめぐる議論をとおして，現代の道徳教育の理念と課題について問いと考察を深めることにある。このとき重要なヒントを与えてくれる資料として，現行の小・中学校の学習指導要領とその解説に加えて，現在すべての道徳教科書に掲載されている童話「かぼちゃのつる」を，丁寧に読み解いていきたい。「よりよく生きる」とは何のことか？　私たちが社会のなかで共に「生きる」ことに密接に関わる道徳教育の理念と課題を，現行の学習指導要領および道徳教材に照らして改めて問いなおすことが本章の課題である。

2.「よりよく生きる」と道徳性の育成

　「よりよく生きる」とは何のことだろうか？　現行の小・中学校の学習指導要領とその解説には，「よりよい人生」や，「よりよい生活」，「よりよい社会」といった用語が散見される。なるほど，教育とは私たちが「よりよい社会」を築き「よりよい人生」を送るためにあるのだという説明は，異論の余地がないようにも思われる。とはいえ，このとき「よりよい人生」や「よりよい社会」といった言葉は何を意味しているのだろうか。ここでは本節の議論の出発点と

して，「よりよい人生」とはどのような人生のことか，「よりよい社会」とはどのような社会のことか，あなたなりの見解を書きとめておくことにしよう。あなた自身の意見と本章の議論を比較検討することによって，複数の視点からこの問題を眺め，さらに深い理解を得ることができるに違いない。

◆ Question 01
a. あなたの考える「よりよい人生」の条件を3つあげてみよう。
b. あなたの考える「よりよい社会」の条件を3つあげてみよう。

2.1. 学習指導要領にみる「よりよく生きる」

　「よりよい人生」とは，自分の希望や願望を最大限に叶えられる人生のことだろうか。あるいは，自己をかえりみず他者のために尽くすことのできる人生のことだろうか。無論これは唯一絶対の答えが与えられている問題ではない。個人の立場によって，性格によって，過去の経験によって，「よりよい人生」のイメージは多種多様だろう。「よりよい社会」についても事情はおなじである。「よりよい社会」とは，一人ひとりの幸福を足しあわせた全体量がより大きな社会のことだろうか。または，一人ひとりの不幸を足しあわせた全体量がより小さな社会のことだろうか。社会に求める役割が人それぞれ違っている以上，こちらも簡単に模範解答を設定することはできないだろう。

　だとすればあらためて，上掲の学習指導要領はこの「よりよく生きる」ことをどのような意味で使っているのだろうか。2017年に告示された小・中学校の学習指導要領には，「よりよく生きるための基盤となる道徳性」を養うことが，道徳教育の目標として提示されている（文部科学省 2018a・b）。この学習指導要領の解説は道徳性を「人間としてよりよく生きようとする人格的特性」として説明している。道徳教育の内容を定めた内容項目も，「人間としてよりよく生きる」ための基礎として理解されている（文部科学省 2018c・d）。また，小学校・中学校いずれの学習指導要領も，最後の内容項目として「よりよく生きる喜び」をあげている。以上のような事実からは，現行の学習指導要領が「よりよく生きること」と道徳性の育成を密接に関連させてとらえていることが読みとれる。再度確認しておくなら，現在の日本の学校教育が育成しようと

する道徳性とは，「よりよく生きるための基盤」であり，「人間としてよりよく生きようとする人格的特性」のことである。

　ここでもう一つ注意しておきたいのは，「よりよく生きる」ことと人間の「人間らしさ」との関連が，強調されている点である。上述のように，道徳性は単に「よりよく生きる」ためではなく「人間としてよりよく生きる」ための基盤として理解されている。内容項目に含まれる道徳的価値は「人間らしさ」あるいは「人間としてのよさ」を表わしているといわれる（文部科学省 2018c・d）。これらは，学習指導要領「総則」の冒頭にある「人間として調和のとれた育成」という課題に照らして，道徳教育と「人間らしさ」あるいは「人間としてのよさ」との関係を記載したものだろう（文部科学省 2018a・b）。この「総則」にある課題設定の根拠は，「豊かな人間性」の涵養を説いた教育基本法前文や，「人格の完成」を教育の目的として定めた同法第 1 条に求めることができる。「総則」の解説には，「人格の完成」および「国民の育成」の基盤となるのが道徳性である，との説明を見ることもできる（文部科学省 2018e・f）。

2.2.　人間性の定義と「開かれた問い」[1]

　だがここで新たな疑問が浮かんでくる。道徳教育が「人間としてよりよく生きること」に関わるといわれる場合，「人間として」あるいは「人間らしさ」とは何を意味しているのだろうか？　これは人間性の定義の問題である。ここでも後の議論を読み進めるまえに，人間の人間性あるいは「人間らしさ」とは何のことか，あなた自身の見解を簡潔に書きとめておくことにしよう。

◆ Question 02
あなたの考える「人間らしさ」の条件を 3 つあげてみよう。

　人間の「人間らしさ」の定義に関するこの問題は，古くから，理想の人間像をめぐる問題と密接な関係にあった。「人間らしさ」を定義することは人間性の実現に向けた教育の目的を定めることにつながる。「人間らしさ」とは何であるかを説明することは「人間としてよりよく生きる」とは何のことかを明らかにするための前提条件である。もちろん「よりよく生きるための基盤」とし

ての道徳性について考察するうえでも，この人間性の定義の問題を避けてとおることはできない。なかでも広く知られている定義を一覧表にしておこう。

「人間らしさ」の定義の例
①神によって造られた神の似姿（旧約聖書）
②社会的生活を営む動物（アリストテレス）
③理性・言葉をもつ動物（アリストテレス）
④人間は考える葦である（パスカル）
⑤ホモ・サピエンス（知恵ある人間）（リンネ）
⑥ホモ・ファーベル（工作する人間）（ベルクソン）
⑦ホモ・ルーデンス（遊戯する人間）（ホイジンガ）
⑧ホモ・パティエンス（苦悩する人間）（フランクル）

しかしながら，この人間の「人間らしさ」の定義に関する問題に答えるとき，私たちはいつも慎重な態度で臨まなければならない。「人間らしさ」に定義を与えるということは，この定義にあてはまらない人々を「人間ではない」として排除してしまう危険と，常に隣りあわせだからである。人類の歴史をとおして，人種の違いや，国籍の違い，宗教の違い，言語の違い，性別の違い，身分の違いなどを理由として，人を人とも思わない多くの差別が行われてきた事実を，私たちは知っている。私たちが生きる現代社会においても，人種や国籍の違いを理由とする理不尽な人権侵害や，同性愛者やトランスジェンダーの人々への差別にもとづく誹謗中傷などの例は，枚挙にいとまがない。「人間とは〇〇である／〇〇でなければならない」という定義は，「〇〇でないものは人間ではない」という排除の論理と，常に表裏一体の関係にある。

したがって私たちは，人間の「人間らしさ」に関する定義を大上段に掲げるのではなく，ふだん使われている「人間」という言葉の意味を丁寧に確かめるところから，探索を始めなければならない。現在私たちが用いている「人間」という言葉の輪郭は，上述のような理不尽な差別が行われてきた悲惨な歴史を経て，これらへの反省にもとづいて徐々に定められてきたものである。児童にも人権＝人間としての権利が認められなければならないという思想が広く承認

されるようになったのはごく最近のことだ。人間性の定義という課題は，古代から現代にまで続く未完の課題であり，この定義をめぐる思索の歴史のなかに，人類の英知が蓄積されているのだといえるかもしれない。

　20世紀ドイツの教育学者ボルノー（O. F. Bollnow）は，「人間らしさ」の定義は固定された前提ではなく常に新たに問いなおされなければならないというこの課題を，「開かれた問いの原理」と呼んでいる（ボルノー 1973）。

　たとえば私たちは現在，さまざまな言語，宗教，慣習などをもつ人々が，共に学び共に働くのが当然といえる社会に暮らしている。また，パソコンや携帯電話を始めとする情報機器の発展は，日常のコミュニケーションや人間関係のありかたを，大きく変えてしまった。さらに，近年の人工知能（AI）の発達は非常に目覚ましく，近い将来，私たちと同じように考えたり話したりすることのできるロボットが，誕生するかもしれない。こうした社会，文化，技術の変革は，人間が「人間らしく」生きるとは何を意味するのか，「豊かな人間性」とは何かといった問題にも，大小の影響を与えずにはおかないだろう。

　このため私たちは，さしあたりこの「人間」という言葉に与えられた意味を引き受けながらも，社会の諸状況やさまざまな出来事に照らしあわせて，現代社会における「人間らしさ」や「豊かな人間性」の輪郭を，常に新たに問い改めていかなければならないのである。

2.3. 「よりよく生きる喜び」と人間の弱さ

　したがって，「人間としてよりよく生きるための基盤」として掲げられた道徳教育の内容項目は，現代社会において共有されている「人間らしさ」の条件の最大公約数として提示されていると見ることができる。もちろんこれは永遠不変の定義でもなければ唯一絶対の回答でもありえない。個々の内容項目が「人間としてよりよく生きるための基盤」としてふさわしいか否か，人間性の構成要件として適当であるか否かは，常に新たに検討されなければならないだろう。ここでも一度立ち止まって考えてみよう。小・中学校の学習指導要領にあげられた22の内容項目のうち，「人間としてよりよく生きるための基盤」として，あなたが最も重要であると考えるのはどの項目だろうか。また逆に，「人間としてよりよく生きるための基盤」として学ぶだけの重要性があるとは

考えられない項目があるとすればどれだろうか。以下の議論の出発点としてあなた自身の見解を書きとめておこう（内容項目は巻末資料を参照）。

◆ Question 03
a. あなたが最も重要だと考える内容項目を3つあげてみよう。
　→なぜ重要だといえるのか理由もあわせて書きとめておこう。
b. あなたが不要だと考える内容項目があればあげてみよう。
　→なぜ不要だといえるのか理由もあわせて書きとめておこう。

　無論ここでは，これまで折にふれて書きとめてきた「よりよい人生」の条件や，「よりよい社会」の条件，「人間らしさ」の条件などが，道徳の内容項目の価値を判断するさいの指針となるだろう。このため，個人の人生観，社会観，人間観によって，答えは一人ひとり異なるに違いない。だが，このように自分の価値観に照らして内容項目を吟味してみることで，道徳教育を考えるさいのあなた自身の立場や観点がより明確になり，より深い関心をもって道徳性の育成という課題を問いなおすことができるようになるだろう。

　ここで特に本章のテーマと関係の深い内容項目として，皆さんに自分なりの観点から検討してみてほしいのは，小・中学校の学習指導要領がいずれも最後の項目としてあげている，「よりよく生きる喜び」である。学習指導要領の解説は，人間とは本来「よりよく生きようとする存在」であると説いたうえで，「よりよく生きる喜び」のことを「人間として生きる喜び」とも言い換えている（文部科学省 2018c・d）。この箇所からは，「よりよく生きようとすること」や「よりよく生きる喜び」が，「人間らしさ」の発露として理解されていることが読みとれる。だとすれば，この「人間として生きる喜び」としての「よりよく生きる喜び」の特徴に関する解説は，「よりよく生きる」とは何のことかを考察しようとする本章の議論に，重要な示唆を与えてくれるに違いない。

　「よりよく生きる喜び」の解説は，「人間は決して完全なものではない」ことを強調したうえで，自分の「弱さ」を乗り越え良心に従って生きようとする点にこそ，「人間のすばらしさ」と「生きることの喜び」があるのだと説いている。私たちのだれもが「弱さ」や「醜さ」を抱えている。誘惑に負けてしまう

こともあれば，他者を傷つけてしまうこともあるだろう。安易な選択に流されてしまうこともあれば，自分の利益ばかりを追求してしまうこともあるだろう。だが，人間にはまたこうした自分の「弱さ」や「醜さ」を克服したいと願う心も備わっているのだ，と同解説は説いている。私たちは自分の「弱さ」や「醜さ」を恥じたり悔いたりしながら受け止め，これを乗り越えたときに誇りや喜びを感じるものだというのである（文部科学省 2018c・d）。「人間としてよりよく生きる」ことは私たちの「弱さ」や「醜さ」と無関係ではなく，むしろ両者は表裏一体の関係にあるという点に学習指導要領の解説の要点がある。

　私たちはここに，道徳性が単に「よく生きる」ためではなく「よりよく生きる」ための基盤であると説明されているのはなぜなのか，学習指導要領の重要な含意を読みとることができる。始めから完璧な存在であれば「よりよく生きる」ことは問題にならないだろう。「よりよく」という比較級には，人間がいつも避けることのできない「弱さ」を抱えた不完全な存在でありながら，自分自身の意志によってこの「弱さ」を乗り越えていけることが含意されている。「よりよく生きる」には「これで完成」といえる終着点はない。常にみずからの「弱さ」を省みながらこれを克服していくことによってのみ，私たちは以前の自分よりもいくらか「よりよく生きる」ことができるようになる。自分の「弱さ」を認められないところに「よりよく」という発想は生まれない。「よりよく生きる喜び」に関わる道徳教育は，私たちのだれもが「弱さ」を抱えた不完全な存在であることを受け止め，これを出発点として取り組まれなければならない課題である。

2.4.「よりよく生きる」を問い続ける

　ここで一度これまでの議論を整理しておこう。現行の小・中学校学習指導要領の解説において道徳性は「人間としてよりよく生きるための基盤」として理解されている。人間とは本来「よりよく生きようとする存在」であるといわれ，道徳的価値は「人間らしさ」あるいは「人間としてのよさ」を表わすとされる。だがそれは人間が本来完全無欠な存在であるという意味ではない。私たちはだれしも「弱さ」や「醜さ」を抱えているものである。自分の「弱さ」や「醜さ」を認めて受け止めたうえで，これを乗り越え良心に従って生きようとする

ところにこそ，「よりよく生きる喜び」が生まれるのだといわれる。このとき私たちが「人間としてよりよく生きる」ための指針を与えてくれるのが，学習指導要領に列挙されている道徳教育の内容項目であるといえるだろう。

しかしながら，人間の「人間らしさ」あるいは人間性の定義は，唯一絶対の回答として与えられているわけではない。むしろ，固定された「人間らしさ」の定義はこの定義に十全に該当しない人々への差別や排除を助長しかねない。このため私たちは，さしあたり現在使われている「人間」という言葉の意味を引き受けながらも，社会，文化，技術などの変化に照らしあわせて，これを常に新たに問いなおしていかなければならない。だとすれば，学習指導要領が「人間らしさ」あるいは「人間としてのよさ」として説明している道徳的価値もまた，永遠不変のものではなく，人間性の定義の問いなおしと共にくりかえし問い改められねばならないだろう。現今の「人間らしさ」の最大公約数として提示された内容項目に関しても，個人の立場や置かれた環境によって，何を「価値がある／価値がない」と捉えるかは変わってくるに違いない。

したがって私たちは，「よりよく生きる」とは何かという問題に関しても現在与えられた答えに満足するのではなくて，個人と社会の両方の視点から常にこの問題を問い続けることが求められる。「よりよく生きる」という課題はいつも「よりよく生きる」とは何かという問いと不即不離の関係にある。自分自身の価値観，人生観，世界観，人間観などをたえず問いなおしながら，「よりよく生きる」とは何かをめぐる模索を続けることにこそ，単に「よく生きる」のとは異なる「よりよく生きる」ことの勘所があるといえるだろう。

学習指導要領の解説は，答えが一つに決まらない問題を児童生徒が自分の問題としてとらえて向きあうことを求める，「考える道徳」を提唱している。教師が児童生徒に特定の価値観を押しつけたり，主体性をもたず言われたとおりに行動するよう指示したりすることは，道徳教育がめざすべき方向の「対極にある」として退けられている。むしろ，ときに対立を含んだ多様な価値観があるなかで，「いかに生きるべきか」をみずから考え続ける姿勢こそが，道徳教育の求めるものであるとされる。無論これは児童生徒だけでなく教師にとっても重要な課題である。全22項の内容項目は，教師と児童生徒が「人間としてのよりよい在り方」を求めて，共に考え語りあうための主題として提示されて

いる（文部科学省 2018c・d）。道徳教育に取り組むにあたっては，教師自身も児童生徒と共にみずからの価値観を問いなおし，「よりよく生きる」という姿勢を持ち続けることが求められるのである。

3.「かぼちゃのつる」と道徳性の育成

　続いて，これまでの議論をふまえて道徳教材「かぼちゃのつる」を読み解きながら，「よりよく生きる」をめぐる考察をさらに進展させることにしたい。

　最初に，道徳教材「かぼちゃのつる」の内容をごく簡単に確認しておこう。「かぼちゃのつる」は大蔵宏之（1954）による同題の児童文学を原作とする道徳教材である。すでに 1966 年には文部省発行の小学校道徳資料集に採録されているのを見ることができる（文部省 1966）。現在は小学校 1 年次の教材としてすべての出版社の道徳教科書に掲載されている。教科書に掲載するにあたり原作から大小の改変が施されており，このため細かな内容に関しては出版社ごとに違いがある。ここでは光村図書出版の道徳教科書（光村図書出版編集部 2022）を典拠として，この童話の概要を紹介しておきたい。

> 「かぼちゃのつる」概要
>
> 朝日をあびたかぼちゃのつるは「ぐんぐんぐんぐん」畑の外まで伸びていく。みつばちやちょうちょが「そっちへのびてはだめですよ」とか「みんながとおるみちですよ」と忠告するが聞く耳をもたない。すいか畑のすいかに「はいってこないでくださいよ」といわれても，こいぬにとがめられ踏みつけられてもおかまいなしである。だが，とつぜんトラックに轢かれて「ぷつり」と切断されたかぼちゃのつるは，「いたいよう，いたいよう」と涙をこぼして泣く[2]。

　さて，仮にあなたが小学校 1 年生の担任だとしたら，この「かぼちゃのつる」を教材として，どのような授業を実施したいと考えるだろうか。この物語教材をとおして児童が学ぶことを期待されている事柄は何だろうか。本節の議論の出発点として，あなたが「かぼちゃのつる」をとおして児童に学んでほし

いと考える内容を，簡潔に書きとめておこう。

◆ Question 04
「かぼちゃのつる」を教材として児童に学んでほしいことは何だろうか？

3.1. 道徳教材としての「かぼちゃのつる」

　道徳教科書の編者は，学習指導要領に記載された内容項目のうちいずれに該当する教材として，「かぼちゃのつる」を掲載しているのだろうか。多くの教科書には各単元と内容項目の対照表が掲載されている。これによれば，「かぼちゃのつる」は内容項目A「主として自分自身に関すること」のうち特に「節度，節制」に関わる教材として選ばれていることがわかる。また，全8社中6社の教科書がこの教材の主題として「わがままをしないで」やこれに類する文言を掲げている。これも学習指導要領の内容項目「節度，節制」の説明に見られる記述をふまえたものであると推察される。なるほど，「わがまま」を貫いたかぼちゃのつるがトラックに轢かれてしまうという結末をみれば，この童話が児童らの自分勝手なおこないに忠告を与えるものであるという理解には，一定の説得力があるように思われる。

　現に，この童話は実際に授業をおこなう小学校教師からも高い支持を集めている（東京学芸大学「総合的道徳教育プログラム」推進本部 2012）。現在すべての道徳教科書にこの童話が掲載されていることを見れば，教科書の編集者や出版社からの評判も良いことがわかる。文部省の道徳資料集に掲載されて以来，半世紀以上の長きにわたって読み継がれてきたことからも，この童話の教材としての評価の高さが窺い知れる。

　だが道徳教材としての「かぼちゃのつる」の教科書掲載には厳しい批判も寄せられている。たとえば，元小学校教師の西光美奈子は，かぼちゃの言動を「わがまま」と決めつけて非難することによって，学級になじめない児童らが疎外感を味わったり，自己主張が困難になったりするのではないか，と懸念を示している（成田・松島 2017）。また樋浦敬子は，「特別の教科　道徳」の教科書展示会を訪れた人々の多くが，「かぼちゃのつる」の結末への違和感や怒り

を口にしていたと書いている（樋浦 2018: 10）。彼女が紹介しているのは，「わがまま」にふるまったかぼちゃがトラックに轢かれるという結末には，「わがままをしたら罰を受けるのは当然」あるいは「痛い思いをしたくなければわがままをするな」というメッセージが含まれており，恐怖によって相手の行動を縛りつける「暴力容認」だという意見である（前掲箇所）。

　以上のように「かぼちゃのつる」は，半世紀以上にわたって道徳教材として用いられ，教師や出版社から高い評価をえてきた一方で，厳しい批判を投げかけられてもいる。この賛否両論をあなたはどのように受け止めただろうか？以上の議論をふまえたうえで，道徳教材としての「かぼちゃのつる」の意義に関して，あなた自身の見解を書きとめておくことにしよう。

◆ Question 05
a.「かぼちゃのつる」が道徳教材として優れていると考える点
b.「かぼちゃのつる」が道徳教材として問題があると考える点

3.2. 「かぼちゃのつる」と「考える道徳」

　前節にみたように，現行の学習指導要領は教師が児童に特定の価値観を押しつける授業ではなく，答えが一つに決まらない問題を児童と教師が共に考える授業を求めている。このような授業を実現するには，まずは教師自身が個々の道徳教材に含まれている「答えが一つに決まらない問題」を丁寧に読みとり，これを問い深めておかなければならないだろう。実際の授業中にはあつかうことが難しいと思われる「問題」であっても，教師が「問題」の所在を読みとり教材の理解を深めておくことは重要である。このためここでは，道徳教材「かぼちゃのつる」を一つの例として，この教材に含まれている「問題」を，読みとり問い深めていくことにしよう。ここでも以下の議論を読み進めるまえに，まずはあなた自身がこの教材に含まれていると考える「答えが一つに決まらない問題」を，簡潔に書きとめておこう。

◆ Question 06
「かぼちゃのつる」に含まれている「答えが一つに決まらない問題」とは？

(1)「かぼちゃのつる」と節度・節制

　まずは，多くの教科書がこの教材のテーマとして設定している「わがまま」を出発点として考えてみよう。単に「わがままをしてはならない」という教訓を教師が児童に読みとらせるだけでは，児童が「答えが一つに決まらない問題」を考えたことにはならないだろう。「わがまま」を貫いたかぼちゃがトラックに轢かれてしまうという結末から，「かぼちゃの自業自得」のような趣旨を読みとることは難しくない。けれども，事前に模範解答が用意されていて，教師がこれに導くような授業は，「考える道徳」の趣旨に適っているとはいえないだろう。だとすれば，この「わがまま」というテーマに照らして「かぼちゃのつる」から読みとることのできる，「答えが一つに決まらない問題」とは何だろうか。これにはもちろんさまざまな回答が予想されるが，ここでは特に一つの「問題」に的を絞って論じることにしたい。

> 自分のやりたいことが，規則に反することであったり，他人に迷惑をかけることであったり，他人から攻撃されかねないことであったり，危険をともなうことであったりする場合には，どうすれば「よりよい」といえるだろうか？

　この「問題」はもちろん「かぼちゃのつる」のかぼちゃが置かれている状況と対応している。かぼちゃは「こっちへのびたい」と強く願っている。だがそうするとかぼちゃ畑を飛びだして「みんながとおるみち」をふさぐことになる。すいかやほかの野菜の畑に入りこんで嫌な思いをさせるかもしれない。こいぬに踏みつけられたりトラックに轢かれたりして傷つけられるおそれもある。
　このように自分の要求と周囲の制約との板挟みの状況に置かれた場合に，どうすれば「よりよい」といえるのかは，児童だけでなく教師にとっても簡単に答えの出ない問題であるといえる。ときにはいかなる犠牲やコストを払ってで

も自分の要求をとおさねばならない場合もあるだろう。またときにはルールの変更を提案したり，周囲の人々に相談・交渉をもちかけたりすることが，大事な場面もあるはずだ。さらに，他者から攻撃を受けるリスクや心身の危険を減らすための工夫もまた重要であるに違いない。かぼちゃのような状況に置かれた場合にどのような選択をすることが「よりよい」のかを考えることは，単に「わがままをしてはならない」のような教訓を暗記するのとは異なって，まさに「答えが一つに決まらない問題」を問い深めることであるといえる[3]。

このとき「よりよい」という比較級は善／悪の二者択一にとらわれることなく考えることを助けてくれる。かぼちゃの行動を単に「悪いこと」と決めつけるのではなく，「こっちへのびたい」という願いも尊重しながら，さまざまなルールや他の生きものとの関係のなかで，「よりよく生きる」ための工夫を考えることが重要である。私たち誰もが抱えている「弱さ」を視野に入れた「よりよい」または「よりよく」という比較級は，「答えが一つに決まらない問題」を問い深めることを助ける重要な羅針盤となってくれる。

(2)「かぼちゃのつる」と思いやり

「わがまま」をめぐる上記の問題は，「個性の伸長」や「思いやり」や「規則の尊重」など，他の内容項目とも深く関連している[4]。なかでもここでは特に，「思いやり」の項目を取りあげて，かぼちゃ以外の生きものたちの視点から，「答えが一つに決まらない問題」を問い深めてみたい。物語教材をもちいた道徳の授業においては一般に，主人公の視点から学習を進めることが多い。だが，他の登場人物にも目を向けることで，「答えが一つに決まらない問題」をめぐる考察の射程が，大きく広がることになるだろう。

> かぼちゃにとっての「よりよい」結末とはどのような結末だろうか？　他の生きものにとっての「よりよい」結末はどうだろうか？　それぞれが「よりよい」結末を迎えるために，他の生きものたちには何ができるか？

ここでも単に「思いやりをたいせつにしよう」といった価値規範を児童に伝えるだけでは「考える道徳」の趣旨からはずれてしまう。まず考えなくてはな

らないのは，仮にみつばちやちょうちょの忠告がかぼちゃにたいする「思いや
り」に由来するものだとすれば，かぼちゃや他の生きものにとって「よりよ
い」結末とはどのような結末かということである。これにより私たちは，かぼ
ちゃの視点を離れて他の生きものの視点から，かぼちゃのふるまいを俯瞰する
ことになる。かぼちゃの立場から見えていたのとは別の「よりよい」結末が見
えてくることもあるだろう。かぼちゃが自分の畑のなかで伸びるようになるこ
とが「よりよい」結末だろうか。あるいは，かぼちゃが好き放題に伸びていく
ことが「よりよい」結末だろうか。かぼちゃや他の生きものたちにとって「よ
りよい」結末とは何かというこの問題もまた，事前に模範解答を準備すること
のできない，「答えが一つに決まらない問題」にほかならない。

　加えて私たちは，他の生きものの視点に立つことによって他の生きものの立
場から，それぞれが「よりよい」結末を迎えるために何ができるのかを，問い
深めることもできるだろう。みつばちやちょうちょはひとことずつ忠告を与え
るだけで飛び去ってしまったが，かぼちゃのことを「思いやる」のであればほ
かにできることはなかっただろうか。「わがまま」をとおそうとしている相手
にできることは，ルールを伝えることや，ルールを守るようにうながすことだ
けだろうか。仮にかぼちゃのつるが「みんながとおるみち」をまたいでとおる
ことが，誰かの迷惑になったり車に轢かれて危険だったりするのであれば，こ
れを避けるためにみつばちやちょうちょに何ができるだろうか。かぼちゃの願
いに耳を傾けたり，別の解決方法を一緒に考えたりすることも，それぞれにと
って「よりよい」結末を迎えるための助けになるかもしれない。それぞれの
「よりよい結末」のために他の生きものに何ができるのかというこの問題も，
この教材から読みとることのできる「答えが一つに決まらない問題」の一つで
あるといえる。

(3) 「かぼちゃのつる」と社会正義

　もちろん，みつばちやちょうちょは単にルールを守らせたいだけで，かぼち
ゃへの「思いやり」などもっていないという解釈もできる。かぼちゃの侵入を
迷惑がっているすいかや，かぼちゃのつるを踏みつけたこいぬなどは，「思い
やり」とは異なる動機で行動しているようにもみえる。ひょっとすると，かぼ

ちゃは他の生きものたちから差別されていて，住んでもよい場所や通ってもよい場所を，理不尽に強制されているのかもしれない。「あなたのはたけ」や「みんながとおるみち」などのルールは，みつばちや，ちょうちょ，こいぬなど，自由に動きまわれる生きものが決めたことで，かぼちゃやすいかなどの植物は，いやいや従わせられているのかもしれない[5]。仮にかぼちゃの行動・言葉が差別と排除にたいする抗議運動であるとすれば，「わがままをしてはならない」といって済ませることのできない，新たな論点が浮かびあがってくる。このような視点から考えてみると「かぼちゃのつる」には，「相互理解」や「社会正義」などの内容項目に関わる，重要な「問題」を読みとることもできるだろう。

3.3. 「かぼちゃのつる」と問いの喚起

　このように，単に「わがままをしてはならない」とか「思いやりをたいせつに」といった教訓に回収することのできない多様な「問題」を喚起するところに，道徳教材としての「かぼちゃのつる」の意義を見ることができる。だとすれば，このシンプルな物語教材の何がこうした「答えが一つに決まらない問題」への問いを喚起するのだろうか。ここで注目したいのは，上に引いた樋浦敬子が批判の要点としている，かぼちゃの「わがまま」（好き放題伸びる）にたいして与えられた，「罰」（トラックに轢かれる）の過剰さである。

　教科書展示会を訪れた人々の多くが「かぼちゃのつる」の結末に違和感や怒りを覚えたとすれば，おそらくそれは，かぼちゃの「わがまま」にたいして与えられた「罰」があまりにも行きすぎたものに思えたからだろう。これがたとえば，好き放題に伸びたかぼちゃが他の生きものに叱責されるとか，こいぬがつるにつまずいて転んでしまい申しわけなく思うとか，すいかのつると絡まって取れなくなり泣いてしまう，といったような結末であれば，実際の結末ほど大きな違和感や怒りを呼ぶことはなかったのではないか。「わがまま」のような「罪」にたいして釣りあいのとれた「罰」が与えられていれば，私たちは自分の価値観や世界観を保ったまま安心して物語を読み終えることができる。しかし，「かぼちゃのつる」に見られるようにひとたび「罪」と「罰」のあいだの均衡が崩れると，これまであたりまえだと思っていた価値観や世界観をおび

やかされた私たちは，大きな違和感や，怒り，不安，恐怖に襲われる。

　かぼちゃの実とつるのどちらを主人公とするかは出版社によって記載が異なるが，トラックに轢き裂かれたつるはまもなく枯れて朽ちてしまうであろうし，かぼちゃの実にとってもつるを寸断された痛みは想像にあまりある。たしかにかぼちゃは他の生きものたちの忠告を聞かずに「わがまま」をとおしているが，だからといってなぜこれほどむごい仕打ちを受けなければならなかったのか。単にルールを伝えたり踏みつけたりするだけで，道路に伸びることの危険性を教えようとしなかった他の生きものは，なんの責任も問われないのだろうか。「わがまま」という「罪」にたいしてあまりにも均衡を欠いた「罰」の過剰さは，私たちが「自業自得」や「因果応報」などのわかりやすい教訓に満足することを許さない。「かぼちゃのつる」にみられる「罪」と「罰」の不均衡は，単純に「わがままをしてはならない」といって済ませることのできない，いったいなぜ，いったいどうすれば，という強い違和感と疑問を生むのである[6]。

　このように単純な教訓に回収してしまうことのできない「過剰さ」を孕んでいるからこそ，「かぼちゃのつる」は種々の「答えが一つに決まらない問題」への問いを呼び起こす媒体ともなりうる。「罪」と「罰」の不均衡への違和感が，ほんとうに「かぼちゃが悪い」といって済ませていいのか，だれもが「よりよい」結末を迎えるために何ができるのか，といった「問題」へと読者を駆りたてる。もちろんこうした違和感や「問題」に蓋をして覆い隠してしまい，わかりやすい価値規範を持ちだして強引に納得することもできないことはないが，このような態度は「よりよく生きる」を問い求める道徳教育の理念に反するであろう。かぼちゃにとって，周囲の生きものにとって，「よりよく生きる」とはどういうことか，どうすれば「よりよく生きる」ことができるのか——こうした「問題」に正面から向きあうとき初めて，「かぼちゃのつる」は，「よりよく生きるための基盤」を育む道徳教育の教材となるのだといえる。

4.「生きること」への問い——結びに代えて

　本章はここまで，現行の学習指導要領のキーワードである「よりよく生きる」という言葉の内実を明らかにしたうえで，道徳教材「かぼちゃのつる」に

よって喚起される「答えが一つに決まらない問題」を読み解いてきた。これらの議論は現行の道徳教育の理論と実践について理解を深めるうえで重要な礎石となるだろう。だが「よりよく生きる」をめぐるここまでの議論はまた新たな疑問を私たちに投げかけてもいる。「よりよく生きるための基盤」としての道徳性の育成を目標とする道徳教育の理念や、「かぼちゃのつる」を「よりよく生きる」を問い深めるための教材として捉える解釈には、重要な視点が欠けているのではないか。学習指導要領の解説には人間は本来「よりよく生きようとする存在」であると書かれていた。だが「よりよく生きようとする」というこの特徴は私たちの「生きること」を十全に説明しているだろうか。

「ギンギラギンギラ」まぶしい朝日をあびたかぼちゃのつるは、「ぐんぐんぐんぐん」畑の外に伸びていく（大蔵 1954: 30）。「かぼちゃのつる」原作の冒頭に描かれているのは、太陽の光をからだ一杯にあびて、のびやかに生長してゆく主人公のようすである。このときかぼちゃのつるが抱いているのは、本章がみてきたような意味で「よりよく生きようとする」意志ではなく、ただ「こっちへのびたい」という生長への奔放な欲求のみである。ところが、道路を越えて伸びたかぼちゃのつるは、通りかかった荷車[7]に轢き裂かれて、「いたいよオ」と涙をこぼして泣く。このときも太陽は「ギンギラギンギラ」照りつけるばかりである（大蔵 1954: 31）。「かぼちゃのつる」の最後に強調されているのは、轢き裂かれたかぼちゃのつるの悲痛な（もしかすると死にぎわの）叫びと、これを容赦なく照らしだす無慈悲ともいえる太陽の輝きである。

はたしてこの「かぼちゃのつる」は、「わがまま」をしたかぼちゃのつるが痛い思いをすることで心を改める、罪と罰の物語だろうか。ひょっとすると私たちが目撃しているのは、まぶしい太陽に照らされて伸びずにはいられないから伸び、伸びたゆえに荷車に轢かれて太陽に照らされて死んでいく、かぼちゃのつるの生命の営みそのものではないか。ここに描写されているのは、「よりよく生きるためには」という交換条件には回収することのできない、太陽からの無尽蔵な（だからこそ暴力性をも孕んでいる）贈与と、これを受けて善いも悪いもなく命の尽きるまで生きたかぼちゃのつるの姿ではないか。「かぼちゃのつる」を読むとき私たちは、「よりよく生きること」の基体である「生きること」そのものの不思議や、突然おとずれる死の理不尽さに向きあうことを求め

られているのではないか。産まれて，生きて，いつか死ぬこと，いずれも私たちの思うままにはならないという点に，言い換えるなら，生命がいつも人間の自由意志を超えた不思議と理不尽を孕んだ現象であるという点に，「よりよく」という価値規範に回収することのできない「生きること」の特徴がある。

　私たち人間が産まれて，生きて，死んでいくことをめぐる問題は，「よりよく生きるための基盤」としての道徳性の育成に関する議論の基盤をなしている。この生命の不思議と理不尽を問い深めることを抜きにして道徳教育について考えることはできない。「生命のかけがえのなさ」をあつかう内容項目「生命の尊重」の観点から読むとき，「かぼちゃのつる」は，「よりよく生きること」の基体である「生きること」についていかなる「問題」を提起するのだろうか。私たちが「よりよく生きる」ことを課題とする道徳教育は，この「よりよく」以前に否応なしに課せられている「生きること」と「死ぬこと」の不思議と理不尽を，いかなる仕方で引き受けることができるだろうか。あふれる朝の陽光をあびて生命のおもむくままに伸びてゆき，荷車に轢かれてしまったかぼちゃのつるの傍らで，言葉もなくただ一緒に泣くことは許されるだろうか。

註
1) 本節の記述は井谷（2018）第4節・第5節を修正・加筆したものである。人間性の定義をめぐる問題に関してはこちらの論稿も参照してほしい。
2) 引用のさい元の文章にあるわかちがきは省略した（以下同様）。
3) 実際に，光村図書出版の道徳教科書には，「かぼちゃのつる」の本文の後に，「じぶんのしたいことをするときに，かんがえなければいけないのは，どんなことかな」という設問が掲載されている（光村図書出版編集部 2022：23）。これは同教科書の旧版にあった設問「わがままをしないでせいかつすることがたいせつなのは，どうしてかな」（光村図書出版編集部 2019：23）から改訂されたものである。この単元全体の主題も旧版の「わがままをしないで」から新版の「したいことをするときは」へと変更されている。旧版の主題と設問が「わがままをしてはならない」という結論から出発しているのにたいして，改訂された新版の主題と設問は自分のやりたいことをするさいに考慮するべきことを考えるための問題提起になっている。
4) 多様な視点から道徳教材と向きあうことを説いた山田真由美と根岸良久も，やはり「かぼちゃのつる」に複数の価値が含まれていることを指摘している（山田＆根岸 2019: 81-82）。

5) 道徳の授業における問題解決について書いた論稿のなかで上原秀一は，「か
　ぼちゃのつる」を読むとアパルトヘイト（人種隔離政策）やユダヤ人の強制
　収容所に似たようなリアリティを感じる，と述べている（上原 2019: 15）。
6) 児童文学における罪と罰の不均衡という問題に関しては，「贈与と交換」と
　いう観点から宮沢賢治の童話「貝の火」を論じた，矢野智司（2008）の論考
　に示唆を得ている。
7) 原作の「荷車」が現在の教科書では「トラック」や「車」に変更されている。

参考文献

井谷信彦，2018，「教育の意義：ヒトは教育によって人間になる」，西本望（編），
　『いまがわかる教育原理』，みらい．
上原秀一，2019，「『道徳科』授業において〈問題解決〉とは何か」，『宇都宮大学
　教育学部研究紀要』69, pp. 3-16.
大蔵宏之，1954，「かぼちゃのつる」，『母の友』11，福音館書店．
東京学芸大学「総合的道徳教育プログラム」推進本部（2012），『道徳教育に関す
　る小・中学校の教員を対象とした調査：道徳の時間への取組を中心として
　〈結果報告書〉』．
成田洋樹・松島佳子，2017，「時代の正体〈498〉道徳教科化（中）『自由な発想
　奪う』」，『カナロコ』（https://www.kanaloco.jp/limited/node/59034），2022
　年6月28日最終閲覧．
樋浦敬子，2018，「『かぼちゃのつる』の謎」，『子どもと読書』429, pp. 9-12.
ボルノー，O. F.，1973，浜田正秀（訳），『人間学的に見た教育学』，改定第二版，
　玉川大学出版部．
光村図書出版編集部編，2019，『どうとく1：きみがいちばんひかるとき』，光村
　図書出版．
光村図書出版編集部編，2022，『どうとく1：きみがいちばんひかるとき』，光村
　図書出版．
文部科学省，2018a，『小学校学習指導要領（平成29年告示）』東洋館出版社．
文部科学省，2018b，『中学校学習指導要領（平成29年告示）』東山書房．
文部科学省，2018c，『小学校学習指導要領（平成29年告示）解説：特別の教科
　道徳編』廣済堂あかつき．
文部科学省，2018d，『中学校学習指導要領（平成29年告示）解説：特別の教科
　道徳編』教育出版．
文部科学省，2018e，『小学校学習指導要領（平成29年告示）解説：総則編』東
　洋館出版社．
文部科学省，2018f，『中学校学習指導要領（平成29年告示）解説：総則編』東
　山書房．
文部省，1966，『小学校道徳の指導資料（第3集）第1学年』．

矢野智司，2008，『贈与と交換の教育学：漱石，賢治と純粋贈与のレッスン』，東京大学出版会．

山田真由美・根岸良久，2019，「道徳授業における読み物教材の活用に関する一考察：教材の『読み聞かせ』活動を通して」，『北海道教育大学紀要：教育科学編』70(1), pp. 77-89.

第Ⅱ部

市民を育てる道徳教育の視点

第4章

情報活用能力としての情報モラル
―情報社会における市民の育成―

宮古　紀宏・佐藤　隆之

1. 加速度的に進行する高度情報化

　学習指導要領の改訂にともない，小・中・高校の段階において，情報活用能力が言語能力や問題発見・解決力等と並び，「学習の基盤となる資質・能力」と位置付けられた。社会生活で用いられている様々な「モノ」がインターネットへと接続され相互に制御される IoT（Internet of Things）や人工知能（Artificial Intelligence: AI），ビッグデータの登場，進展に特色づけられる新たな未来社会としての「超スマート社会」（Society5.0）の到来により，社会の高度情報化は加速度的に進展していくことが想定されている。現在とこれからの情報化社会を生きる児童生徒への確かな情報活用能力の育成は，生きる力を育む観点からも喫緊の教育課題の一つといえる。

　児童生徒の情報活用能力の育成を実現するためには，学校の情報環境（児童生徒や教職員の情報端末の整備，高速大容量ネットワーク，校内無線 LAN 等）とともに，情報教育に関する学校の指導体制やカリキュラム，教材，授業実践，評価等といった学校教育全体を俯瞰した上で，総合的に教育の情報化を推進していく必要がある。2019 年 6 月に「学校教育の情報化の推進に関する法律」（以下「学校教育情報化推進法」とする。）が成立，施行され，同法第 8 条を受けて2022 年 4 月には，文部科学省より，学校教育の情報化の今後のロードマップといえる「学校教育情報化推進計画（案）」が示された。

学校の情報環境については，これまで段階的に情報通信技術（Information and Communication Technology: ICT）の整備がなされてきたところ，GIGAスクール構想において小中学校に一人一台端末環境が実現することとなった。2022年度からは高校の第1学年から順次情報端末の配布がなされ，2024年度に高校の全学年の生徒に行き渡る予定とされている。

　だが，高度情報化という環境の変化は，児童生徒の健全な発達や育ちという視座からは，「陰」ともいえる側面があることには留意が必要であろう。例えば，ネット依存による生活習慣の乱れ，視力の低下といった健康面への影響，SNS（ソーシャル・ネットワーキング・サービス）によるトラブル，ネットいじめ，犯罪の被害・加害への関与等が「陰」の側面として挙げられよう。これらの諸問題の解決について，学校教育にだけ，その責任を帰することは適切でないものの，児童生徒が主体的にこれからの未来社会を市民として生き抜いていくうえで，これらの「陰」に対し事前に予防，ないし，適切に対処できる情報モラルの考え方や態度を身に付けさせることは現代的要請といえる。

　そこで本章では，情報社会における市民の育成を念頭において情報活用能力としての情報モラルとその教育について考察する。学習指導要領における情報教育と情報活用能力，情報活用能力における資質・能力，情報モラルの構造とそれに基づく情報モラル教育，インターネットの利用や情報活用能力に関する調査などを概説したうえで，アメリカのデジタル・シティズンシップを取り上げて情報モラル教育のあり方を展望する。

2.　情報教育と情報活用能力

　学習指導要領において「学習の基盤となる資質・能力」と位置付けられた情報活用能力とそのための情報教育とは，どのような概念として捉えられているのであろうか。本節では，主に情報教育と情報活用能力について，確認していくこととする。

　「学校教育情報化推進法」によると，学校教育の情報化の推進が意味することは，以下の3点である。

① 学校の各教科等の指導等における情報通信技術の活用
② 学校における情報教育の充実
③ 学校事務における情報通信技術の活用

　上記②に情報教育の充実が挙げられているが，情報教育とは「情報及び情報手段を主体的に選択し，及びこれを活用する能力の育成を図るための教育」とされている（学校教育情報化推進法第2条第2項）。
　次に，2020年6月に文部科学省より刊行された『教育の情報化に関する手引（追補版）』（以下「手引」とする。）では，教育の情報化について，以下の三点が指摘されている（文部科学省 2020: 1-2）[1]。

① 情報教育：子供たちの情報活用能力の育成
② 教科指導における ICT 活用：ICT を効果的に活用した分かりやすく深まる授業の実現等
③ 校務の情報化：教職員が ICT を活用した情報共有によりきめ細やかな指導を行うことや，校務の負担軽減等

　上記から，学校教育における情報化として今後推進が目指されていることは，授業等での ICT の活用，学校事務等に関する校務での活用（統合型校務支援システム等），そして，情報教育といえる。
　情報教育とは，端的に言えば，児童生徒に情報活用能力を育成するための教育である。それでは，情報教育において育成が目指される情報活用能力とは，どのような資質・能力であろうか。『小学校学習指導要領解説総則編』（中学校，高等学校，特別支援学校においても同様）によれば，情報と情報技術の適切で効果的な活用，問題の発見・解決及び自分自身の考えの形成に係るものとされている（文部科学省 2017a: 50）。その具体は，主に，学習活動において求められるPC やスマートフォン，タブレット等の情報端末を用いた情報の取得，整理・比較，発信・伝達，保存・共有ができるスキルのことである（文部科学省 2017a: 50-51）。このような学習活動を首尾よく遂行する上では，論理的思考としてのプログラミング的思考や統計等の資質・能力が求められる。また，情報手段の

使用には「適切であること」が必要とされるため，情報活用能力は情報端末の使用に関する技術的な側面にとどまるものではなく，規範意識や倫理感，法への遵法意識等の考えや態度といったモラルを包含した資質・能力といえる。

3. 情報活用能力としての資質・能力

次に，情報活用能力としての資質・能力について概説したい。1997年10月の情報化の進展に対応した初等中等教育における情報教育の推進等に関する調査研究協力者会議「体系的な情報教育の実施に向けて（第1次報告）」において，情報教育の目標は，「3観点」から整理された。この「3観点」は，「情報活用の実践力」，「情報の科学的な理解」及び「情報社会に参加する態度」としてまとめられた。

2006年8月の初等中等教育における教育の情報化に関する検討会「初等中等教育の情報教育に係る学習活動の具体的展開について」では，上記の「3観点」それぞれに細目としての分類（計八つ）が設定されることとなり，以後，情報教育の目標は，育成が求められる資質・能力に係る「3観点8要素」として成立することとなった（表4-1）。第三の観点である「情報社会に参画する態度」は，情報が重要な位置を占める社会の維持・発展に寄与できる市民育成の視点となるだろう。

その後，2016年12月の中央教育審議会答申「幼稚園，小学校，中学校，高等学校及び特別支援学校の学習指導要領等の改善及び必要な方策等について」では，「知識・技能」，「思考力・判断力・表現力等」及び「学びに向かう力・人間性等」の三つの柱から，教育課程の各教科等において育成する資質・能力が明示された。それに伴い，同答申では，情報活用能力についても同様に，上記の三つの柱から情報活用能力の「3観点8要素」を基に，構成する資質・能力について表4-2のとおり整理された（中央教育審議会 2016）[2]。

表4-1　情報教育の目標と情報活用能力の育成に係る資質・能力

—「3観点8要素」—

情報活用の実践力
・課題や目的に応じた情報手段の適切な活用 ・必要な情報の主体的な収集・判断・表現・処理・創造 ・受け手の状況などを踏まえた発信・伝達
情報の科学的な理解
・情報活用の基礎となる情報手段の特性の理解 ・情報を適切に扱ったり，自らの情報活用を評価・改善するための基礎的な理論や方法の理解
情報社会に参画する態度
・社会生活の中で情報や情報技術が果たしている役割や及ぼしている影響の理解 ・情報のモラルの必要性や情報に対する責任 ・望ましい情報社会の創造に参画しようとする態度

表4-2　情報活用能力を構成する資質・能力

知識・技能 （何を理解しているか，何ができるか）
・情報と情報技術を活用した問題の発見・解決等の方法や，情報化の進展が社会の中で果たす役割や影響，情報に関する法・制度やマナー，個人が果たす役割や責任等について，情報の科学的な理解に裏打ちされた形で理解し，情報と情報技術を適切に活用するために必要な技能を身に付けていること。
思考力・判断力・表現力等 （理解していること，できることをどう使うか）
・様々な事象を情報とその結びつきの視点から捉え，複数の情報を結びつけて新たな意味を見出す力や，問題の発見・解決等に向けて情報技術を適切かつ効果的に活用する力を身に付けていること。
学びに向かう力・人間性等 （どのように社会・世界と関わりよりよい人生を送るか）
・情報や情報技術を適切かつ効果的に活用して情報社会に主体的に参画し，その発展に寄与しようとする態度等を身に付けていること。

4. 情報活用能力としての情報モラルと情報モラル教育

4.1. 情報モラルの構造

本節では，情報活用能力としての情報モラルに焦点を当てるとともに，情報モラルを身に付けるための情報モラル教育について述べることとする。まず，本項では情報モラルの内実を確認するために，その構造等について先に引用した文部科学省による「手引」を参照し述べる。

前述したように，情報活用能力は，多面的な資質・能力（「3観点8要素」）で構成された概念である。とりわけ，情報モラルは，情報活用能力の諸要素を横断する概念として捉えられる。先の表4-1の「3観点8要素」では「情報社会に参画する態度」の「観点」に情報モラルの表記が見られたが，情報モラルはそれだけにとどまるものではない。「情報活用の実践力」の「観点」では，「情報手段の適切な活用」や「受け手の状況などを踏まえた発信・伝達」とある。情報手段の活用における適切さを担保すること，また，情報発信の相手側（受け手）へと想像を巡らすことは，まさに，モラルに関連する事項として捉えられ，情報モラルが情報活用能力の「観点」を横断して「要素」に埋め込まれていることを読み取ることができる。ちなみに，『小学校学習指導要領解説総則編』では情報モラルを，「情報社会で適正な活動を行うための基になる考え方と態度」（文部科学省 2017a: 86）と定義している。

「手引」では，学習指導要領解説総則編の情報モラルの定義を踏襲しつつ，情報モラルについて数式を模して，「情報モラル＝日常モラル＋情報技術の特性」とその構造を表現している。情報モラルの大半は，日常モラルであり，そこに情報技術の基本的な特性の理解を加えることで情報モラルと捉えている（図4-1）。

「手引」では，この日常モラルについて，「節度」や「思慮」，「思いやり，礼儀」，「正義，規範」を列記している。これらの諸価値は日常的な生徒指導や学級経営をはじめ，道徳や特別活動等，学校教育の諸活動全般にわたって重んじられてきたものであり，全ての教職員によって，全ての教育活動を通してその育成が図られることが望まれるものである。一方，情報技術の仕組みについて

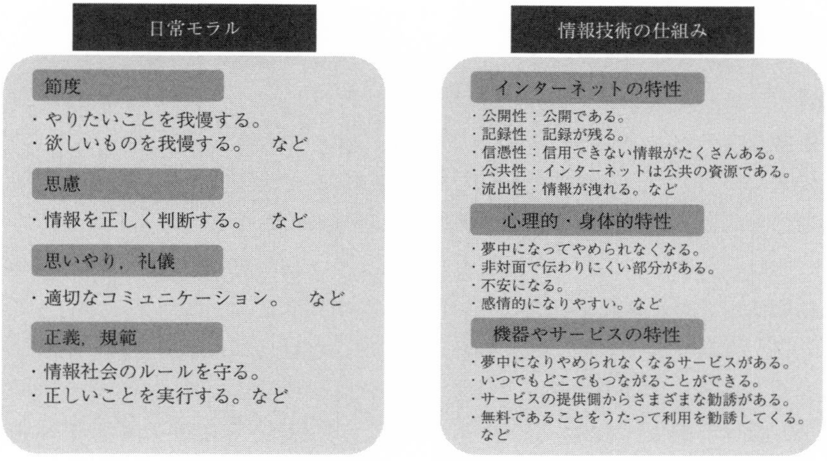

図 4-1　情報モラルの判断に必要な要素
（出典：文部科学省，2020，『教育の情報化に関する手引（追補版）』，p. 44 をもとに筆者作成。）

は，情報モラル固有のものといえ，「インターネットの特性」や「心理的・身体的特性」，「機器やサービスの特性」といったことへの理解が求められる。これらに対する理解は，インターネットを用いたコミュニケーションから派生するトラブルや犯罪被害・加害，健康面や経済面への多岐にわたる入り組んだ諸問題とも深く関わることである。

　情報モラルは，情報活用能力を構成するそれぞれの資質・能力の適切な育成において，その下地ともいえる考え方や態度として捉えられるものであり，モラルにかなった行動を行う上での「判断」に関与するものといえる。そのため，情報モラル教育なくして，正しく情報活用能力を育成することは困難であるといえよう。

4.2. 情報モラル教育

　情報モラル教育という表記は，学習指導要領や学習指導要領解説では使用されていない。それに類する用語として学習指導要領や学習指導要領解説では，「情報モラルに関する指導」が用いられている。そのためか，教育委員会や学校によっては情報モラル指導という用語を用いている場合も一部存在する[3]。

そのため，情報モラル教育を定義するうえで，『小学校学習指導要領解説総則編』において情報モラルとして児童生徒が身に付けるように具体的に示された諸点に着目したい。それをふまえ本章では，情報モラル教育とは，「他者への影響を考え，人権，知的財産権など自他の権利を尊重し情報社会での行動に責任をもつことや，犯罪被害を含む危険の回避など情報を正しく安全に利用できること，コンピュータなどの情報機器の使用による健康との関わりを理解することなど」に関する教育として捉えることとする（文部科学省 2017a：86-87）。

　情報活用能力の育成を目的として行われる情報教育は，教科等を横断して行われる。学習指導要領上，情報教育に係る記述が見られる教科等は，小学校では社会，道徳科（「特別の教科　道徳」），総合的な学習の時間，中学校では国語，社会，数学，音楽，技術・家庭（技術分野），道徳科，総合的な学習の時間，高校では国語，地理歴史，公民，芸術，情報とまさに教科等を横断して実施されることが求められている。中でも，小・中・高校の学習指導要領における情報モラル教育について，総則部分以外を除き，関連性のある個所を抜粋したものが表4-3である（本章では，道徳科における情報モラル教育について焦点を当てているため，道徳科の箇所について太字枠としている）。つまり，情報教育のうち，情報モラル教育については，小学校では社会（第5学年）と道徳科，中学校では社会と技術・家庭の技術分野，道徳科，高校では地理歴史と公民，情報が想定されている。

表4-3　学習指導要領の教科等における情報モラルの扱い

小学校学習指導要領	
社会 ［第5学年］	第2章　第2節　3　内容の取扱い (4)ア　（中略）放送，新聞などの産業」については，それらの中から選択して取り上げること。その際，情報を有効に活用することについて，情報の送り手と受け手の立場から多角的に考え，受け手として正しく判断することや送り手として責任をもつことが大切であることに気付くようにすること。
特別の教科　道徳	第3章　第3　指導計画の作成と内容の取扱い 2(6)児童の発達の段階や特性等を考慮し，第2に示す内容との関連を踏まえつつ，情報モラルに関する指導を充実すること。また，児童の

	発達の段階や特性等を考慮し，例えば，社会の持続可能な発展などの現代的な課題の取扱いにも留意し，身近な社会的課題を自分との関係において考え，それらの解決に寄与しようとする意欲や態度を育てるよう努めること。なお，多様な見方や考え方のできる事柄について，特定の見方や考え方に偏った指導を行うことのないようにすること。
中学校学習指導要領	
社会	第2節　第3　指導計画の作成と内容の取扱い 2(2) 情報の収集，処理や発表などに当たっては，学校図書館や地域の公共施設などを活用するとともに，コンピュータや情報通信ネットワークなどの情報手段を積極的に活用し，指導に生かすことで，生徒が主体的に調べ分かろうとして学習に取り組めるようにすること。その際，課題の追究や解決の見通しをもって生徒が主体的に情報手段を活用できるようにするとともに，情報モラルの指導にも留意すること。
技術・家庭 ［技術分野］	第8節　第2　各分野の目標及び内容 D(1) 生活や社会を支える情報の技術について調べる活動などを通して，次の事項を身に付けることができるよう指導する。 a 情報の表現，記録，計算，通信の特性等の原理・法則と，情報のデジタル化や処理の自動化，システム化，情報セキュリティ等に関わる基礎的な技術の仕組み及び情報モラルの必要性について理解すること。
特別の教科　道徳	第3章　第3　指導計画の作成と内容の取扱い 2(6) 生徒の発達の段階や特性等を考慮し，第2に示す内容との関連を踏まえつつ，情報モラルに関する指導を充実すること。また，例えば，科学技術の発展と生命倫理との関係や社会の持続可能な発展などの現代的な課題の取扱いにも留意し，身近な社会的課題を自分との関係において考え，その解決に向けて取り組もうとする意欲や態度を育てるよう努めること。なお，多様な見方や考え方のできる事柄について，特定の見方や考え方に偏った指導を行うことのないようにすること。
高等学校学習指導要領	
地理歴史	第2節　第3款　各教科にわたる指導計画の作成と内容の取扱い 2(4) 情報の収集，処理や発表などに当たっては，学校図書館や地域の公共施設などを活用するとともに，コンピュータや情報通信ネットワークなどの情報手段を積極的に活用し，指導に生かすことで，生徒が主体的に学習に取り組めるようにすること。その際，課題の追究や解決の見通しをもって生徒が主体的に情報手段を活用できるようにす

	るとともに，情報モラルの指導にも留意すること。
公民	第2款　第1　公共　3　内容の取扱い カ(キ)（中略）情報に関する責任や，利便性及び安全性を多面的・多角的に考察していくことを通して，情報モラルを含む情報の妥当性や信頼性を踏まえた公正な判断力を身に付けることができるよう指導すること。その際，防災情報の受信，発信などにも触れること。 第3款　各科目にわたる指導計画の作成と内容の取扱い 2(4)　情報の収集，処理や発表などに当たっては，学校図書館や地域の公共施設などを活用するとともに，コンピュータや情報通信ネットワークなどの情報手段を積極的に活用し，指導に生かすことで，生徒が主体的に学習に取り組めるようにすること。その際，課題の追究や解決の見通しをもって生徒が主体的に情報手段を活用できるようにするとともに，情報モラルの指導にも配慮すること。
情報	第2款　第1　情報Ⅰ　2　内容 (1)ア　次のような知識及び技能を身に付けること。 （イ）情報に関する法規や制度，情報セキュリティの重要性，情報社会における個人の責任及び情報モラルについて理解すること。 イ　次のような思考力，判断力，表現力等を身に付けること。 （イ）情報に関する法規や制度及びマナーの意義，情報社会において個人の果たす役割や責任，情報モラルなどについて，それらの背景を科学的に捉え，考察すること。 第2款　第2　情報Ⅱ　第3款　各科目にわたる指導計画の作成と内容の取扱い 2(1)　各科目の指導においては，情報の信頼性や信憑性を見極めたり確保したりする能力の育成を図るとともに，知的財産や個人情報の保護と活用をはじめ，科学的な理解に基づく情報モラルの育成を図ること。

（出典：文部科学省，2020，『教育の情報化に関する手引（追補版）』，pp. 46-48 をもとに筆者作成。）

　次に，情報モラル教育を進めるうえでの学習活動や内容について述べる。『小学校学習指導要領解説総則編』では，情報モラルを身に付けるための教科横断的な視点に立った学習活動として以下が挙げられている（文部科学省2017a: 86）。

①情報発信による他人や社会への影響について考えさせる学習活動

②ネットワーク上のルールやマナーを守ることの意味について考えさせる
　学習活動

③情報には自他の権利があることを考えさせる学習活動

④情報には誤ったものや危険なものがあることを考えさせる学習活動

⑤健康を害するような行動について考えさせる学習活動　　など

　　それぞれ道徳教育においてどのような「学習活動」が考えられるだろうか。文部科学省委託事業である次世代の教育情報化推進事業（2019）では，情報モラル教育に特化した「情報モラル指導モデルカリキュラム表」を作成し，公表している（表4-4）。このモデルカリキュラム表では，情報モラル教育について，「情報社会の倫理」と「法の理解と遵守」，「安全への知恵」，「情報セキュリティ」，「公共的なネットワーク社会の構築」の五つに分類し，小学校低学年，中学年，高学年，中学校，高等学校の五つの発達段階に応じて，大・中・小の指導目標を設定している。

　　先にも述べたように情報モラルの大半が日常モラルと通底していることに鑑みれば，情報モラル教育を実効的に展開するためには教科等の枠組みだけにとどまらず，生徒指導との連携も図りながら，広く教育活動全体を通じて行われることが重要である。生徒指導の基本書といえる『生徒指導提要』は，2022年12月に約12年ぶりに改訂されたが，そこで新たに生徒指導の理論として重層的支援構造が示された（文部科学省2022）。とりわけ，全ての児童生徒を対象に，学校教育の目標の実現に向けて，教育課程内外の全ての教育活動において進められる生徒指導の基盤として「発達支持的生徒指導」が位置付けられた。「発達支持的生徒指導」の取組みの例には，教師だけでなくスクールカウンセラー等の協力も得ながら，共生社会の一員となるための市民性教育・人権教育等の日常的な教育活動が挙げられている。日常モラルと通底する情報モラルを育成するためには，全ての児童生徒の発達を支える生徒指導の働きかけが重要であり，その機能を通して，教科横断的な情報教育も充実したものとなろう。

表4-4　情報モラル指導モデルカリキュラム表4)

情報モラル指導モデルカリキュラム表

<大目標・中目標レベル>

●「情報モラル指導モデルカリキュラム表」は、文部科学省事業「情報モラル等指導サポート事業」において作成されたものです。

この表は、情報モラルの指導をモデルカリキュラムとして示したものです。このモデルカリキュラムの目標は、学校教育全体の中で達成していくことが望ましいと考えます。モデルカリキュラムを参考にして、それぞれの学校では、他校の実態に合わせ、独自のカリキュラムを組み込んで、実施してください。各目標の詳細は、Webページをご覧ください。http://www.japet.or.jp/moral-guidebook/

分　類	L1:小学校1〜2年	L2:小学校3〜4年	L3:小学校5〜6年	L4:中学校	L5:高等学校
1. 情報社会の倫理					
2. 法の理解と遵守					
3. 安全への知恵					
4. 情報セキュリティ					
5. 公共的なネットワーク社会の構築					

5. インターネット利用環境と情報活用能力に関する調査

　本節では，児童生徒の間にどれほどインターネットが普及しているのか，また，そのために使用されている情報端末は何か，どのような用途で活用されているのか，1日の利用時間はどれくらいなのかについて，内閣府の調査をレビューする。また，前述してきた情報活用能力について文部科学省による調査が行われている。この調査をレビューすることで，児童生徒の情報活用能力の傾向や課題について確認する。

5.1. 内閣府の「青少年のインターネット利用環境実態調査」

　内閣府では，平成 21 年 4 月に施行された「青少年が安全に安心してインターネットを利用できる環境の整備等に関する法律」の施行状況のフォローアップのための基礎データを得ることを目的に，平成 21 年度より毎年度「青少年のインターネット利用環境実態調査」を実施している。令和 3 年度の調査では，満 10 歳から満 17 歳の青少年に対する個別面接調査法等による調査やそれらの青少年と同居する保護者に対する調査，また，0 歳から満 9 歳の子供の調査については同居する保護者に対して低年齢層調査として行われている（内閣府 2022）。ここでは内閣府の調査を概観し，主に，青少年のインターネット利用率と利用内容について確認したい。

　インターネット利用率では，青少年の 97.7％ が，インターネットを利用していると回答しており，学校種別でみると，高校生の 99.2％，中学生の 98.2％，小学生（10 歳以上）の 96.0％ となっている。利用する機器としては，スマートフォン（68.8％）が最も高い。低年齢層の子供（0 歳から満 9 歳）においても，74.3％がインターネットを利用していると保護者が回答しており，乳幼児期の子供に対してもインターネット利用が広がっている。乳幼児期の段階ではインターネット利用機器は保護者との供用が主で，テレビ（地上波，BS 等は含まない）による利用率が高いが，10 歳，11 歳頃，つまり小学校の中学年ないし高学年頃より，利用機器については親との供用よりも子供専用の割合が高くなり，その後，スマートフォンによるインターネット利用が中心となっていく（スマ

ートフォン利用率では小学生（10 歳以上）38.6％，中学生 72.6％，高校生 97.7％）。

　それでは，青少年は，インターネットをどのようなことに利用しているのであろうか。利用内容の内訳は，小学生（10 歳以上）では「ゲームをする」（84.5％），「動画を見る」（84.2％）の割合が高い。中学生では「動画を見る」（91.3％），「検索する」（82.3％），「ゲームをする」（81.1％）の順となっている。高校生では上位から「動画を見る」（95.8％），「音楽を聴く」（90.0％），「検索する」（87.7％）となっている。0 歳から満 9 歳の子供の利用内容については保護者調査より，「動画を見る」（94.0％），「ゲームをする」（59.0％）の順となっている。どの校種やどの年齢層でもインターネット利用では動画視聴の割合が高いといえる。

　なお，「勉強をする」の割合は上記の利用内容よりも低いものの，小学生（10歳以上）では 55.8％，中学生では 64.5％，高校生では 64.4％と一定数おり，平成 30 年度から令和 3 年度にかけて「勉強をする」の利用率は青少年全体で24.1 ポイントの増加となっている。GIGA スクール構想による情報端末の普及と使用も，学習ツールとしてのインターネットの利用を後押ししていることと推測される。

　青少年のインターネットの利用時間の平均は，約 4 時間 24 分となっており増加傾向にある。小学生（10 歳以上）は約 3 時間 27 分，中学生は約 4 時間 19分，高校生は約 5 時間 31 分であり，令和 3 年度調査は令和 2 年度調査と比較すると全体として約 1 時間増加している。だが，内閣府の調査では，インターネットの利用について，学校内外の使用の区別はしていない。そのため，回答者によっては学校の授業での使用についても回答に含める者もいれば，プライベートでの使用のみと解釈して回答する者もいると推察される。

5.2. 文部科学省による情報活用能力調査

　文部科学省は，2013 年 10 月から 2014 年 1 月にかけて，児童生徒の情報活用能力育成に向けた施策の展開，学習指導の改善，教育課程の検討のための基礎資料を得ることを目的に，国公私立の小学校第 5 学年の児童（116 校，3,343人）及び中学校第 2 学年の生徒（104 校，3,338 人）を対象に情報活用能力調査を実施した（文部科学省 2014)。これは，コンピュータを使用した情報活用能

力を測定する初めての調査であった。

　この調査では，先の表4-1に示した「3観点」である「情報活用の実践力」，「情報の科学的な理解」及び「情報社会に参画する態度」について調査されている。文部科学省によれば，この調査結果から，小中学生ともに整理された情報を読み取ることはできるが，複数のWebページから目的に応じて情報を収集し，関連付けることや，情報の整理・解釈，受け手の状況に応じた情報発信に課題があるとしている（図4-2）。また，小学生は，自分に関する個人情報の保護については理解しているが，他人の情報の取扱いには課題があり，中学生では，不正請求メールの危険性への対処に関する理解に課題があるとしている。

　また，文部科学省は，2015年12月から2016年3月にかけて，高等学校及び中等教育学校後期課程の第2学年の生徒（135学科，4,552人）を対象に，高等学校段階の情報活用能力調査を実施している（文部科学省 2107b）。文部科学省は，この調査結果から高校生の情報活用能力の課題について検討している（図4-3）。

　高校生の「情報活用の実践力」では，整理された情報を読み取り，整理・解釈することはできるが，複数の情報がある多階層のウェブページから，目的に応じて特定の情報を発見し，それらを関連付けることや，複数の統計情報を，条件に合わせて整理し，それらを根拠に意見を表現することに課題があるという。また，「情報の科学的な理解」や「情報社会に参画する態度」として，自動制御に関する情報処理の手順を考え，アルゴリズムを用いて表現することも課題とされる。さらには，情報モラルが基本的理解にとどまり，情報の発信・伝達の際における他者の権利（肖像権や著作権）を踏まえた適切な対処，不正請求のメールやサイト等の対処に課題があるとしている。これらの傾向については，小中学校と同様であった。

　一方，この高校調査では，図4-3にあるように，「5年間の認知件数1件当たりの平均被害額を，表計算ソフトを用いて計算する問題」（正答率16.3%）と，「ある事象を調べるために，どのようなデータを入手したらよいかを具体的に挙げ，適切な理由を説明する問題」（正答率14.9%）は，他の調査問題に比して正答率が低い。統計情報について表計算ソフトを用いた数的処理や，ある事象の原因，傾向の推測に必要な情報を明確にすることなどは，新たに見られた課

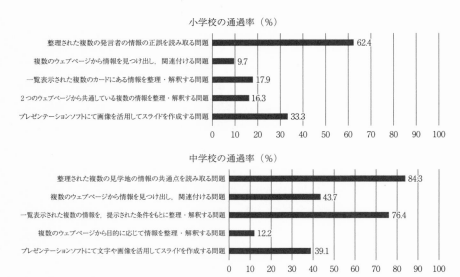

図 4-2　小中学校の情報活用の実践力に関する調査問題と通過率（出典：文部科学省「文部科学省による情報活用能力調査（小・中学校）」をもとに作成）

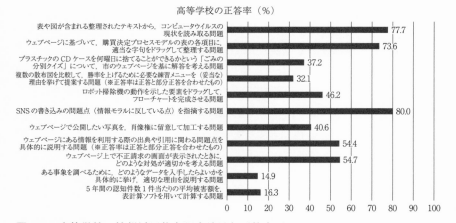

図 4-3　高等学校の情報活用能力調査結果と正答率（出典：文部科学省「文部科学省による情報活用能力調査（高等学校）」をもとに作成）

題と捉えられる。

6. デジタル・シティズンシップが示唆する情報モラル教育

6.1. デジタル・シティズンシップとは

　本章で考察してきた情報モラル教育は，市民の育成とどのようにかかわるのだろうか。近年，日本でも注目を集めているデジタル・シティズンシップを参照して考察してみたい。アメリカのNPOコモン・センス・エデュケーション財団は，ハーバード大学大学院の研究機関「プロジェクト・ゼロ」と共同で，デジタル・シティズンシップのカリキュラムや教材開発に取り組んできた（東洋経済education×ICT編集チーム 2021）。その成果の一つ『現代世界でデジタル市民を教える』では，子どもがどのようにデジタル・メディアを使用しているかを概観したうえで，デジタル・シティズンシップのカリキュラムについて提案している。

　デジタル・シティズンシップは，「テクノロジーを，責任をもって活用しながら，学習し，創造し，参加すること」と定義されている。「デジタル」とは，オンライン空間における技能や態度や，私たちが交流するためのメディアやテクノロジーに関する技能や態度の独自の組み合わせとされる。そのような「デジタル」から構成される「デジタル世界」に，適切に参加できる技能や態度を身につけることが「デジタル・シティズンシップ」教育の核となる（James, C., Weinstein, E. and Mendoza, K. 2021: 12）。たとえば，フェイクニュースか否かを見抜ける市民の育成がめざされている（坂本 2021: 810）。

　ここで注目したいのは，定義の中の「責任をもって活用」するということである。それはこれからの情報モラル教育のあり方を示している。かつてのアメリカにおける情報教育は，「ゼロ・トレランス」政策に基づき，「寛容（トレランス）なし（ゼロ）」で厳しく指導するという方針をとっていた。コンピュータの使用などに関する規則を児童生徒に明示し，それを「寛容」さなしで，厳格に適用したのである。2010年代になるとそのゼロ・トレランスの方針を転換し，一人ひとりの学習者の「ウエルビーイング（幸福）」，「デジタル・ウエルネス（健康福祉）」，「サイバー・レジリエンス（被害の最小化と復元力・抵抗力）」を重視するようになってきた。規則で厳しく取り締まる指導ではなく，「責任をも

って活用」できる情報モラル教育へとシフトしたのである。現在の日本では，「技術的な面でも，教育的な面でも，危険なネットワーク社会から身を守るためにネットワークの利用を制限しよう，情報機器の利用を抑えようという」方針がとられているとされる。デジタル・シティズンシップは，そのような情報モラル教育を，一人ひとりが主体的に責任をもってテクノロジーを使用できるようにする教育へと転換しようとする（芳賀 2021: 10-15）。

　デジタル・シティズンシップはまた，道徳教育から市民性教育への転換も要請している。デジタル・シティズンシップにおいては，「テクノロジーの活用は，個人的な活用よりも，公共的な活用に焦点があてられる。そのため，個人の心の内面の問題としての道徳教育ではなく，社会的文脈での行動規範（社会性倫理，公共道徳）をテーマとしている」という前提に立つ。換言すれば，デジタル・シティズンシップは，情報社会における「私たちの日常の一部」であり，「社会に共通に必要な市民性・公共性・倫理観・道徳観」にほかならない。それは，「社会に積極的に参加する態度」や，「皆，意見・考え方・感覚が異なるという多様性を受容する態度」を意味する（芳賀 2021: 16-17）。デジタル・シティズンシップ論においては，そのような態度を学び，状況に応じて「公共道徳」を実際に行動に移せる市民の育成がめざされている。そこにおいては，親切，礼儀，勇気といった所定の徳目を覚える道徳教育から，情報社会で，責任をもって，よりよく行動できる市民性教育への転換が見てとれる。

　よいデジタル市民を育成する方法としては，「スキルと気質アプローチ（Skills and Dispositions Approach）」が提起されている。デジタル・シティズンシップでいうスキルと気質は表 4-5 のように説明されている。

6.2. 授業の提案

　具体的な授業も提案されている（今度・林 2022）。たとえば，表 4-5 で気質の一つとされる「投稿したり反応したりする前に，起こりうる結果を考える」に関していうと，目に見えにくいサイバー空間の広がりを捉え，自分の言動が及ぼす影響の範囲を知ることは容易ではない。その範囲について考える上では，図 4-4 のようなワークシートが活用できるだろう。

　総じてデジタル・シティズンシップが示唆する情報モラル教育は，そのよう

表 4-5　デジタル・シティズンシップのスキルと気質（James, C., Weinstein, E. and Mendoza, K. 2021: 16）

スキル	例
能力，コンピテンシー，行動するために知るべきこと	・強力なパスワードをつくる。 ・プライベートな環境を，自分に合わせてつくる。 ・ウエブサイトの信頼度を判断する。 ・一貫性をもって考えを表現する。 ・フィッシング（詐欺）（金融機関からのメールを装い，カード番号・暗証番号などの個人情報を搾取する）やクリックベイト（クリックを誘うためのリンク広告）を見分ける。
気質	例
思考や行動を導き，知識やスキルを使うべきか，あるいはどう使うかを判断する上での態度	・投稿したり反応したりする前に，起こりうる結果を考える。 ・攻撃的なコメントであることに気づいて，反応すべきか，どのように反応するかを注意深く判断する。 ・他の人に関わる写真や情報を投稿する前に，スピードを落として熟慮する。

な気質とスキルを身につけることで，デジタル社会を担う民主的なデジタル市民の育成をめざしている。そのような提案は，現行の情報活用能力としての情報モラル教育を，市民性教育の観点から組み直すための手がかりとなるだろう。

　その際，とりわけ次の二点に注目したい。第一は，SNS やネット上で投稿したり反応したりする前に，「スピードを落として自省する（Slow down and self-reflect）」ことである。LINE や「いいね」の押下（おうか）のように，速くて，短いコミュニケーションが多くなってきた。一瞬の喜怒哀楽にまかせた刹那的なやりとりが多くなりがちである。怒りの感情を管理する「アンガーマネージメント」に，カッとしてから少し間をおいて怒りの沸点をやりすごす「6秒ルール」がある。同様の練習と習慣化が必要になるかもしれない。また，言葉を最小限に切り詰め，文法に頓着しないコミュニケーションも散見されるとき，感情を言葉にする間（ま）の取り方や過程を理解し，よりよい行動につなげようとする自己

年　　　組　　　番　名前

1. 1〜6のそれぞれの「責任のリング」について，「自分」「まわりの人々」「広い世界の人」のどの人への責任のリング（誰にとってえいきょうがあるか）だと思うかを考えて色をぬりましょう。複数のリングがあてはまる場合もあります。その色を選んだ理由も考えましょう。

あなた自身 ☐　　　まわりの人 ☐　　　広い世界の人 ☐

1. 私は自分の年齢でも問題のないアプリやゲームだけを使います。

2. 私は本当かどうかわからない情報はネットに投こう，共有しません。

3. 私は，写真や動画や他の人の情報はその人の許可がないかぎり共有しません。

4. 私は，ネットでも人前でも他の人を大切にする。

5. 他に人の作品をコピー，共有して自分が作ったと言いません。

6. 個人情報をネットで共有する前に信頼できる大人に相談します。

2. 今回の責任のリングの学習で考えたことをまとめましょう。

図4-4 「社会に対しての責任を考えよう」（今度・林 2022: 58）[5]

抑制的で内省的な態度がデジタル市民には求められるだろう。

　第二は，デジタル・メディアを通してのアイデンティティ形成である。デジタル・シティズンシップのカリキュラム構成のポイントの一つに，「デジタル・フットプリントとアイデンティティ—自分たちを定義する」がある（James, C., Weinstein, E. and Mendoza, K. 2021: 36）。デジタル・フットプリントとは，インターネットを利用したときに残る記録の総称である。投稿したメッセージ，作成したアカウント，電子メールの送受信，ウェブページの閲覧履歴などをさす。子どももデジタル・メディアという空間で自己を表現し，コミュニケーションをとり，自分の写真や動画を撮る。それらが記録となって保存され，蓄積される。その様々な記録を折にふれて振り返り，懐かしみ，行く末に思いをはせながら，自他のアイデンティティを形成してゆく。記録されるのは，ここにはいない遠くの人や物であることもある。その形成過程を経て，膨大な記録と共に市民となってゆく時代が訪れつつある。その際の投稿や反応の内容や表現は常に，プライバシーやセキュリティを侵害される・する，ネットいじめに加担するといった危険性を孕み，自他のアイデンティティ形成を損ねかねない。「インターネットの投稿は，一度発信されると瞬時に広がり，削除することができないので，『デジタルタトゥー』と呼ばれ」，注意が喚起されている（文部科学省 2022: 243）。デジタル・フットプリントは，かつての写真や日記とは異なる深度で自己形成や他者理解に生涯関わり，単なる思い出作りや趣味の範疇をはるかに超え出て自他のアイデンティティ形成に影響を及ぼす。それだけに，よい市民となるための情報モラル教育の重要な課題となるだろう。

註
1）文部科学省により 2019 年 6 月に『教育の情報化に関する手引』が発刊されたが，2020 年 6 月にその追補版が刊行された。
2）表 4-1 と表 4-2 でそれぞれに示した情報活用能力に係る資質・能力の違いは，「切り口」の違いであり，内容に大きな変更が加えられたものではなく同一のものと捉えることができよう。
3）本章では，情報モラルに関する指導ないし教育は，情報モラル教育と表記することとする。
4）https://www.mext.go.jp/component/a_menu/education/detail/__icsFiles/

afieldfile/2010/09/07/1296869.pdf （2022 年 11 月 3 日アクセス）。

5) このワークシートでは，あなた自身，まわりの人，広い世界の人の色をそれ
   ぞれ決めて，リングを塗る活動に取り組む。たとえば，1 と 6 は「自分」，2
   と 3 は「まわりの人」，4 と 5 は「広い世界」を塗ることが考えられる（今
   度・林 2022: 59）。明確な正解があるわけではないので，児童生徒と教師が
   考え，議論することが重要になる。

参考文献

今度珠美・林一真，2022，「デジタル・シティズンシップの実践 10 事例」坂本旬
　ほか著『デジタル・シティズンシップ＋―やってみよう！　創ろう！　善き
　デジタル市民への学び』大月書店，pp. 40-120.

坂本旬，2021，「デジタル・シティズンシップの可能性と教育学の再考――「ポス
　ト真実」世界のディストピアを超えて」日本教育学会『教育学研究』第 88
　巻第 2 号，pp. 146-157.

中央教育審議会答申，2016，「幼稚園，小学校，中学校，高等学校及び特別支援
　学校の学習指導要領等の改善及び必要な方策等について」別紙 3-1「情報活
　用能力を構成する資質・能力」，p. 7,

東洋経済 education×ICT 編集チーム，2021，「デジタル・シティズンシップ教育
　広がる納得理由――「情報モラル教育」で GIGA 端末活用は進まない」（2021
　年 7 月 13 日），東洋経済 ONLINE（https://toyokeizai.net/articles/-/439098?
　fbclid=IwAR3syOrWywxFOUanPJmNW2-iy1lBddvW3xTAXEhsArLvJhYU
　ASl_JYZGPoU，2022 年 10 月 30 日アクセス）

内閣府，2022，「令和 3 年度　青少年のインターネット利用環境実態調査」.

芳賀高洋，2021，「情報モラルの歴史から考える」教育文化総合研究所編 2021『デ
　ジタル・シティズンシップ教育の挑戦』アドバンテージサーバー，pp. 1-19.

文部科学省，2014，「情報活用能力調査（小・中学校）調査結果（概要版）」.

文部科学省，2018a，『小学校学習指導要領解説　総則編』東洋館出版社.

文部科学省，2017b，「情報活用能力調査（高等学校）調査結果」.

文部科学省，2020，『教育の情報化に関する手引（追補版）』.

文部科学省，2022，『生徒指導提要』.

James, C., Weinstein, E. and Mendoza, K., 2021, *Teaching Digital Citizens in To-
　day's World: Research and Insights behind the Common Sense Digital Citi-
　zenship Curriculum*, (Version 2), San Francisco, CA: Common Sense Media.

第5章

個人の尊厳を学ぶための「いじめ予防授業」

真下　麻里子

1. いじめの予防と法

1.1. 「個人の尊厳」が守られる社会とは

　教育基本法における「教育の目的」には，「人格の完成」と共に「平和で民主的な国家及び社会の形成者として必要な資質を備えた心身ともに健康な国民の育成」（第1条）が含まれている。

　私たちが作りたい「平和で民主的な国家」や「社会」とはどのようなものか，"多数派"や"多数派に適合できる人たち"等にとって心地よいものなのか，あるいは"少数派"や"多数派に適合できない人たち"等にとっても生きやすいものなのか，「形成者として必要な資質」とは何か，教育の現場には絶えずそうした問いが投げかけられている。

　私は弁護士として，またNPO法人ストップいじめ！ナビの理事として，2012年頃から「いじめ予防授業」（以下，「本授業」という）に取り組んできた。身近な事例を題材にして，数多くの子どもたち，教員のみなさんや大人たちと「いじめ」について正面から議論してきた。

　そうした経験を通して思うのは，いじめの問題は，単に"子ども同士の校内トラブル"として処理するようなものではなく，「個人の尊厳（一人ひとりを個人として尊重すること）をどう考えるか」を大人と子どもが共に学ぶ大切な機会ということである。

いじめの問題を通して，子どもたちに見せる言動や姿勢の一つひとつが，私たち大人がこの社会で個人の尊厳をどう考えていきたいか，どう考える大人を迎え入れていきたいか，というメッセージになる。大人が子どもと共に人の尊厳を傷つけない在り方やその手段を検討していくこと，大人自身が学ぼうと努力している姿勢を見せることを通して，人が尊いこと，互いが尊いこと，人を尊重できる社会を作っていきたいことを子どもたちに伝えることができる。

　本章では，私が本授業を通して子どもたちに伝えてきたことの一部を紹介する。先の難解な問いに対する“私なりの回答”も不十分ながら示したつもりである。

　ただし，「国家」や「社会」，「人の尊厳を傷つけない」という視点を入れて「いじめ」を検討すると，大切な視点を見失う可能性があるから，その点を先に触れておく。

　それは，「真の意味で相手を尊重し続けたいのであれば，先に自分自身を尊重する必要がある」ということである。人は自分が「尊重されていない」と感じているのに相手を尊重し続けることなどできない（極めて困難）。無理をして尊重し続ければ，いずれ心身を壊すか，「なぜ私ばかりが我慢せねばならないのだ」と他の誰かを攻撃しはじめてしまう。

　実は「相手を尊重すること」に目を向けるのはそれほど難しいことではない。そうした姿勢は，社会的に“良い”と評価されやすいからである。しかし，実際は，自分の尊厳を棚上げして“誰かの尊厳”を考えることなどできない。

　したがって，本授業では，この国の法体系が尊重しようとする「全ての個人」の中に「私」が当然に含まれていることを知ってもらうことも重視している。法が守りたい価値は，「私の尊厳」なのだということを様々な角度から伝えている。

1.2. 教育現場で用いたい「法的視点」とは

　損害賠償や刑事罰といった抑圧的なイメージのある「法」であるが，それらはあくまで法の一側面にすぎない。また，教育現場で活用したい知恵もそれではないことを最初に指摘しておきたい。

　そもそも，我が国の法体系の頂点に立つ日本国憲法（以下，「憲法」という）

は「個人の尊重（尊厳）」を極めて重視しており，その下位規範である法律も，国民一人ひとりが個人として尊重される社会の実現のために，その権利利益を調整する役割を担っている。

　例えば私たちが今，何の危険も感じることなく建物の中で本書を読んでいられるのは，建築基準法などの法律が建物の安全を守っているからであるし，何の躊躇なく飲食できるのも，食品衛生法をはじめとする法律のおかげである。意識しづらいというだけで，私たちは日常生活の中でたくさんの法律に守られ，尊重されている。他方，建築関係者や飲食業に関わる人たちはこうした基準を守りながら経済的利益を追求しており，その人たちもまたその営業の自由（憲法第22条1項）を尊重されている。

　つまり，法を学ぶと，自分を含む全ての個人を尊重するための考え方や視点が見えてくるのである。

　したがって，私が教育現場で用いたい「法的視点」とは「自分を尊重し，相手も尊重する考え方」であり，本章では本授業の具体的内容を紹介しながら，そうした視点の提供方法について触れていきたい。

　なお，本授業のより詳しい内容については，拙著『弁護士秘伝！教師もできるいじめ予防授業』（教育開発研究所）を参照されたい。

2. いじめ予防授業の目的

2.1. 目的は「いじめをなくすこと」ではない

　前提として，本授業の目的が「いじめをなくすこと」や「いじめを減らすこと」に「ない」ことを先に述べておかねばならない。

　一般に，いじめは子どもたちが何らかのストレスを抱えることで発生すると言われており，いじめを「なくす」ためには，ストレッサーを減少させる環境的配慮が不可欠である。年に1，2度，弁護士が行う授業だけで「なくす」など困難と言わざるをえない。

　むしろ，いじめ防止対策推進法（以下，「いじめ防止法」という）制定の契機となった平成23年の大津事件の第三者委員会は，事件の発生した学校が文部科学省の「道徳教育実践推進事業」の指定校であったことを受け，いじめ対策

としての道徳教育や命の教育についてはその「限界」を認識することが重要であることを，調査報告書に「いじめ防止教育（道徳教育）の限界」という節を設けてまで指摘している。本授業により「できること」と「できないこと」とを明確にすることが大切である。

　なお，本授業の継続により，教員の方々から「いじめ対応がしやすくなった」，「件数が減った」などのお言葉をいただくこともある。

　しかし，そうした学校では，教員の方々が学校生活の中で，本授業の内容を上手に引用してクラスに定着させている。つまり，本授業自体にいじめを「減らす」効果があるのではなく，真摯に子どもたちに向き合う先生方の姿勢や，先生方が定着させた「いじめ」に対する共通認識がクラスのストレッサーを減らし，いじめ減少の効果等をもたらしていると考えるのが妥当だろう。

2.2. 目的は早期発見及び重大化防止に資すること

　本授業の目的は，第一には，「いじめ」の早期発見及び重大化防止に資することである。具体的には，「いじめ」に気付く子どもを増やし，「何らかの行動（自分にとって無理がなく，でも解決に向けた確実な一歩）」を取る子どもを増やすことにある。

　なお，後述するが，この「何らかの行動」のうち重視するものの一つが「教員に情報を上げる」ことである。近年，スマートフォンの普及やSNSの発達等により，教員の見えないところで急速にいじめが重大化する例は多い。リスク管理の観点からは，教員に知らせる役割（「通報者」という。詳細は後述）を担う子どもを増やす意義は大きい。

　第二には，冒頭で述べた通り，法的視点を通して「自分を尊重し，相手も尊重すること」を学んでもらうことである。「個人の尊重」といっても具体的な場面でそれを実践するのは極めて困難である。クラス内での議論を通してその困難さを相互に確認し合うと共に，どうしたらより実践できる可能性が高まるかを具体的に検討してもらう。

3. いじめ予防授業の概要

3.1. 全4回で1セットのプログラム

　本授業は，原則として全3～4回で1セットとしている。基本的には，中学1年生から3年生まで年に1，2回。私立の中高一貫校等であれば，年に1回，中学1年生から高校1年生までという場合もある。なお，弁護士は，1クラスに1人派遣し，原則として1授業1時限で行う。

3.2. 各プログラム概要

　1回目には，「いじめの定義」（いじめ防止法第2条1項）を学ぶ。私たちは「いじめをやってはならない」，「いじめダメ絶対」などと折に触れて口にするが，実は一人ひとりが思い描く「いじめ像」はかなり異なる。「暴力や明確な暴言がなければいじめではない」などと考える子どももいれば，「ちょっとした無視や仲間はずれもいじめになる」などと考える子どももいる。

　そのような状態でいくら「いじめをやめよう」と議論しても，やめる対象が明確になっていないため，建設的な議論はできない。そこで1年目の授業では，まず，この点についてクラス内（学校内）での共通認識の形成を目指す。

　2回目には，「いじめの四層構造」を学ぶ。森田洋司によって「いじめの四層構造論」が提唱されるまで，いじめは被害者と加害者だけの問題と考えられていた。しかし，日本のいじめは教室内で起こることが多く，被害者と加害者だけの問題にとどまらないことが明らかになった。こうした構造を学ぶことによって，子どもたちが「いじめ」にどう関わってしまっているか，どうしたら「いじめ」を解消する方向に動くことができるかを検討していく。

　3回目，4回目には「中立」を学ぶ。ただし，3回目は「いじめに関わらない」という選択を「中立」と評価できるのかを，4回目は「仲裁者となる場合はどのような対応が中立なのか」を“模擬調停”という形式のワークショップを通して検討する。

　なお，紙幅の都合から，本章では1回目と2回目の内容について触れる。

3.3. 授業を行う際に気を付けていること

「いじめ」というセンシティブな問題を扱う以上，いくつか気を付けなければならないことがある。ここで触れるもの以外については，前述の拙著をご参照されたい（真下 2019: 13-17）。

ア　身近な内容を取り上げた架空の事例を用いる

身近な事例を用いる第一の理由は，その方が子どもたちも自分事として考えやすいからである。

第二の理由は，自死事件などの重大な事件を取り上げると感情が揺さぶられてしまい，思考するゆとりを失わせるおそれがあるからである。「法的思考を身に付けてもらいたい」という目的が本授業に含まれる以上，可能な限り子どもたちの感情を揺さぶらず，“思考”を尊重したい。（当然ながら，自死事件の重大性を説くことの意義等を否定するつもりは全くない。あくまで本授業の目的との兼ね合いから，そうした選択をしているにすぎない。）

イ　子どもを尊重する姿勢を貫く

本授業は身近な事例を題材とするため，「いじめられる方が悪い」，「自業自得」，「このくらいの“嫌がらせ”は我慢すべき」などといった意見は比較的頻繁に出てくる（後述の通り，そうした意見を出しやすい工夫もしている）。すると，経験の浅いうちは特に，その意見を否定しようとしたり，自らが考える「正しさ」を押し付けたくなったりしてしまう。

しかし，「自分を尊重し，相手も尊重する」ことを学ぼうという場で大人が自らの「正しさ」を子どもに押し付けるのではあまりに説得力を欠く。

大切なのは，子どもたち全員の「正しさ」を統一することではない。一人ひとりが事例を通して「いじめ」に正面から向き合い，自分の日常生活に照らし合わせながら思考することである。

もちろん，先のような意見に対する見解は法的根拠も示しつつきちんと述べる。また，子どもたちに理解してもらえるよう最大限工夫し，力を尽くす。しかし，最終的に「どう考えるか」という部分は子どもの選択に委ねるのが望ましいと考えている。

ウ　学ぶときは「楽しく」，実際に発生したら「真剣に，積極的に」

　テーマが「いじめ」となると，どうしても深刻に検討しなければならいような気がしてしまう。しかし，いじめの問題は，向き合えば向き合うほど辛い気持ちになる。そのため，多くの人たちが途中で考えることも学ぶこともやめてしまう。したがって，考え，学び続けていくためにも「学ぶときは楽しく」を基本とし，楽しく学ぶ雰囲気づくりを心掛けている。

　また，「いじめられる方が悪い」，「自業自得」，「このくらいの"嫌がらせ"は我慢すべき」といった"本音"を出しやすい空気感を作り出すようにもしている。学年が上がるほど，子どもたちは「正解」を言って無難にやり過ごそうとし始めるため，その重要性はより高まる。

　いじめを行ってはならいことは誰もが知っている。それでも起きてしまう「いじめ」と向き合うには，率直な気持ちも含めてオープンに議論していくことが極めて重要である。

　なお，用いる事例を「架空の事例」にしている理由の一つも実はこの点にある。実例を題材にすると，開催場所や方法，出る意見の内容によっては関係者等を傷つけてしまうおそれが生じるが，架空の事例であればそうしたおそれはないからである。

4.　1回目：いじめの定義を学ぶ

4.1.　DVD 事例（真下 2019: 19-20）

1	A，B，C，D，Eさんの5人は，とても仲良しで，いつも一緒にいました。おそろいのキーホルダーを付けたりなどもしていました。
2	ある日，Aさんは，Bさんから人気歌手のDVDを借りました。Bさんは，その歌手の大ファンでした。
3	ところが，Aさんは，そのDVDをBさんになかなか返しません。
4	数日後，やっとAさんからDVDを返してもらったBさんは，そのDVDに少し傷が付いていることに気付きました。
5	Bさんは，内心ムッとしましたが，Aさんには直接何も言いませんで

した。代わりに，C，D，Eさんにそのことを話しました。

6　3人は，「Aさんはひどい！Bさんがかわいそうだ！」と怒りました。

7　その日から，B，C，D，Eさんは，Aさんと距離を置くようになりました。

8　お昼ごはんを4人だけで先に食べ始めたり，教室移動のときにAさんだけ置いて行ったり，休日に4人で遊んだ話を誘われていないAさんの前でしたりするようになりました。

9　ある日，Aさんは，5人がおそろいで付けていたキーホルダーが4人のカバンからなくなり，代わりにAさんが見たことのない新しいキーホルダーが付いていることに気付きました。

10　Aさんは，学校に居場所がないと感じ，辛い，悲しい，学校に行きたくないと思うようになりました。

4.2. 最初の問いかけ

最初に，以下の問いかけを行い，子どもたちの率直な意見をどんどん吸い上げていく。

（ⅰ）Aさん，Bさん，C・D・Eさんのうち，誰が一番悪い（よくない）と思いますか。
（ⅱ）Bさんたちの行いは「いじめ」だと思いますか。

なお，本書では，前述のとおり主に「法的視点」の提供という側面から解説を加えていくため，子どもたちの反応や授業の進め方，事例の詳細な解説等については，前述の拙著をご参照されたい（真下 2019: 19-36）。

4.3. 確認したい点の概要

ア　いじめの定義

いじめ防止法は「いじめ」の早期発見・重大化防止を目的としている。そのため，「いじめ」をかなり広く定義している。

具体的には，以下のとおりである。

（定義）

第二条　この法律において「いじめ」とは，児童等に対して，当該児童等が在籍する学校に在籍している等当該児童等と一定の人的関係にある他の児童等が行う心理的又は物理的な影響を与える行為（インターネットを通じて行われるものを含む。）であって，当該行為の対象となった児童等が心身の苦痛を感じているものをいう。

　ただ，このまま子どもたちに伝えても理解させることは難しいので，子どもたちにはシンプルに「①やられた人が②心身の苦痛を感じたら，『いじめ』」と伝えるようにしている。

　本事例では，①Aさんが②辛い，悲しい，学校に行きたくないなどと思っているので「心身の苦痛」を感じており，法律上の「いじめ」にあたる。

　つまり，Bさんたちの行いは，クラスのみんなで気づき，早めに対処していく必要がある行いである，ということである。本授業では，「こんなものはいじめではない！」という意見を持つ子どもに配慮しつつ，この段階でみんなが気づくことができれば重大化を防げること，これを機に友達の「辛い，悲しい」という気持ちに早く気づけるクラスづくりを目指してほしいことなどを伝えている。

イ　いじめを行ってはならない理由

　いじめを行ってはならない理由は，「人の尊厳を傷つけるから」（いじめ防止法第1条参照）である。人の人格などを傷つけ，「人が人として尊重されている状態」を害するからやってはならないのである。

　しばしば「大事な命が失われるから」という理由を耳にする。それはけっして誤りではないが，「命にかかわるものが『いじめ』」というイメージは，周りの者たちの対応を遅らせる。本事例のような行為は「いじめ」と認識されづらくなるからである。また，「命にかかわるほどでなければ，人の尊厳を傷つけても時には仕方ない」という考えにも繋がりかねない。

したがって，いじめを行ってはならない理由を改めて確認することは非常に重要であるし，単に「いじめは悪い」と確認し合うだけでなく，「人を尊重する方法」，「人の尊厳を守る方法」まで具体的に検討することが重要である。

ウ 「腹を立てる」こと自体は問題ではない

Bさんたちの行為が「いじめ」にあたるとなると，Bさん（たち）が「腹を立てた」こと自体にも問題があると誤解されがちである。そこで，「腹を立てる」こと自体は全く問題ないことをあえて明示している。むしろ，自分の感情（内心）は非常に大切で価値の高いものであることを伝えるようにしている。

というのも，私たちには「内心の自由」（憲法第19条等）が保障されており，心の中に留まる限り，何を思っても“絶対的に自由”だからである。内心は，私たちの人格や尊厳を支える根幹であるから，法体系上，非常に高い価値，尊重されなければならない価値であると考えられている。つまり，たとえネガティブな感情であったとしても，それは私たちの人格を基礎づける大切な一部ということである。

むしろ，「そんなことで怒るなんておかしい」等，他者が安易にその内心を否定したり，介入しようとしたりすることは非常に暴力的であることには注意が必要である。

したがって，怒りの感情それ自体はBさんにとって非常に重要であり，その価値を認識することはBさんが「自分で自分を尊重する」第一歩となる。

エ 問題なのは「手段の選択」

問題なのは怒りの感情ではなく，解決手段の「選択」である。Bさんには，この問題を解決するための手段として，多くの選択肢があった。Aさんと話し合ったり，怒りの感情が収まるまで少し時間を置いたり，仲裁してくれる誰かを連れてきたりするなどである。

にもかかわらず，Bさんは，あえて相手の尊厳を傷つける「いじめ」という手段を「選択」している。この選択が問題なのである。この点を子どもたちに明示する必要がある。

なお，Bさんの人柄や人格を問題視しているのではない。また，「我慢して

受け入れるべきだった」とか「他者に優しくあるために許すべきだった」ということでもない。Bさんは，自分の怒りの感情を尊重しながら，相手の尊厳も傷つけない別の手段を検討し，選択する必要があったということである。

本授業では，学校はこの「手段の選択」を練習する場であり，練習する場である以上は当然失敗することもあること，失敗した場合は，真摯に反省して謝ることが何より重要であることも併せて明示するようにしている。

オ 「みんな悪い」の弊害

子どもも大人も，「人から借りたものは大切にすべき」だから「みんな悪い」と考えがちであるが，その考え方はやや危険であるから注意が必要である。理由は三つある。

第一に，そうした解決の仕方は，Bさんたちの行為のエスカレートを止められないおそれがある。Aさんには「人から借りたものを大切に扱わなかった」という“落ち度”があるから，Bさんたちは自身のことを「正しい」と考えている可能性が高い。その場合，「みんな悪い」という結論は「Aさんも悪い」というBさんたちの考えを補強し，自分たちの行為を正当化させかねない。

第二に，Bさんたちが「他の手段」を検討する機会，自分を尊重して相手も尊重することを学ぶ機会を奪う。「みんな悪い」という結論は，結局「Bさんたちの行為の何が問題だったか」を指摘しきれていない。したがって，Bさんたちが他の手段を検討する機会はおろか，その必要性を考える機会すら失われる。前述の通り，学校は「手段の選択」を練習する場である。ここで練習できなかった子どもたちは，大人になってからも似たようなことを行うおそれがあり，そうした大人たちを弁護士は日々相手にしている。子どもたちから学ぶ機会を奪わないことが非常に重要である。

第三に，個人の尊厳の軽視につながる。AさんはBさんのDVDを傷つけているが，Aさんが毀損した価値は法的には「財産権」である。他方，Bさんたちが傷つけた価値は，Aさんの「人格権」であり尊厳である。前者はお金を払うことで価値が回復するが，後者はお金を払うことでは直ちには回復しない。そのため，法的には人格権等の方が財産権よりも価値が高いと考えられている。

「みんな悪い」という結論は，「Aさんの人格や尊厳は，DVDと同価値」と

言っているに等しい。（正確には「傷によって下がったDVDの価値（おそらく数百円程度）と，傷つけられたAさんの人格権の程度が同価値」）

したがって本授業では，Bさんたちの行為の重さとAさんが行ったことの重さとはけっして同程度ではないことを強調するようにしている。

4.4.「正しさ」の扱い方

ア　振りかざすと正しくなくなる可能性

私たちは，様々な場で「正しいこと」を教わることはあっても，「正しさの扱い方」を教わる機会はあまりない。

しかし，いじめやハラスメント事案等では，加害者が「自分は正しい」と信じて疑わず，その「正しさ」を相手に振りかざしている例は多い。この事例に登場するBさんたちも「借り物は大切にすべき」とAさんにその「正しさ」を振りかざしてしまっている例といえよう。

訴訟など第三者が適正に判断してくれる場面以外で「正しさ」を振りかざすのは，実は相手を"力"で屈服させようとしているに近い。にもかかわらず，自らが「正しい」という自信がその事実を見えにくくさせる。相手と適切にコミュニケーションしようという動機を失わせてしまう。

実際，Bさんたちの行為を支持する，または許容する子どもたちの多くは，「借り物を傷つけたAさんが悪い」（仲間はずれにされたくないなら，借り物を大切に扱うべきだった）という結論から動かず，相手の尊厳を傷つけない解決手段の選択について議論する必要性をあまり感じない。

こうした意見の問題点は，彼ら彼女らにとって，Aさんの人格や尊厳よりも「借り物を大切にすべき」という「正しさ」の方が重いことである。「正しくない」振る舞いをした者に対しては，たとえ相手の人格や尊厳が傷つけられたとしても，みんなで「正しさ」を貫き通してよいという"感覚"が存在している。（後述するが，この「『正しくない』振る舞いをした者」の中には自分が含まれることもある。つまり，自分に対する権利侵害も条件付きで許容している場合が多い。）

したがって本授業では，必要に応じて「正しさ」の扱い方にも触れるようにしている。つまり，「正しさ」は，振りかざした瞬間から正しくなくなる可能性が高まることを指摘した上で，振りかざすときに使いがちな概念である「〜

すべき」という概念についてまず説明する。

　その後，人に「〜すべき」と言いたくなったときは，主語を「私」にして「私はあなたに〜してほしい」と言い換えてみるとよい旨を指摘している。

イ　「したい」と「すべき」

　「〜すべき」という概念は，「〜した方が良い」という意味合い以上に，「（あなたがどう思っているかはさておき）この規範に従いなさい」というメッセージを含んでいる。ここでいう規範とは，法律やルールに限らず，一般的に「正しい」とされていることも含む。

　つまり，この概念を用いるとき，私たちは規範を最優先し，相手の内心やその事情をほとんど考慮しない。そのため，この概念を多用すればするほど，相手の内心や抱える事情の軽視に繋がることになる。前述の通り，内心は私たちの人格や尊厳の基礎をなすから，こうした軽視は相手の人格や尊厳の軽視への第一歩となりうる。

　また，相手に一定の行為（規範に従え）を求めているにもかかわらず，その理由を丁寧に説明したり，説明のために思考したりすることも少なくなる。行為を求める根拠が規範であるため，規範を示しさえすれば足りるからである。

　さらに，相手に向けたこの概念は，実は自分自身にも向く可能性が高い[1]。例えば，「借り物は大切にすべき」と強く考えるＢさんは，（自分自身がどのような心情や事情を抱えるかはさておき）借り物を大切に扱おうと注意を払っているだろう。その分，失敗した際には自責の念が強かろうことも想像に難くない。つまり，ある「すべき」を相手に向ける場合，同時に自分自身にもその「すべき」を向けており，自分の内心や抱える事情をも軽視しがちになっているということである。それは，自分の外側にある規範をより重視していることを意味するから，自分自身の人格や尊厳の軽視への第一歩となりうる。

　これに対し，「〜したい」は，人の内心からわき起こる動機であり，その人の人格や尊厳と深く結びついている。したがって，自分や相手の「したい」を尊重することは，規範を直ちに優先させるのではなく，まずは両者の内心や抱える事情を尊重し，その後に規範の重要性等を吟味していく姿勢を意味する。つまり，自己や相手の人格や尊厳の尊重への第一歩となりうる。

また，「私はあなたに〜してほしい」という伝え方を選択すれば，相手に一定の行為を求める理由の説明責任を自分で負うことになる。そのため，より説得的な理由を自分で模索・思考する必要が生じるし，相手を動かす（動いてもらう）コミュニケーション技術も磨かれる。結果として，実際に自分自身も相手も尊重できる可能性が高まる。

　したがって，人に「すべき」と言いたくなったときほど，それを「私はあなたに〜してほしい」と言い換えてみると，自分も相手も尊重できる可能性が高まるということである。

　本事例の場合，Bさんは「借り物は大切にすべき」という正しさだけにとらわれるのではなく，「Aさんに自分のDVDを大切に扱ってほしかった」という自身の内心を出発点に解決手段を検討することが自分も相手も尊重する解決手段の検討に繋がることになろう。

5. 2回目：いじめの構造を学ぶ

5.1. 合唱コンクール事例（真下 2019: 37-38）

1　Aさんの学校では毎年合唱コンクールがあります。下級生でも優勝できるため，どのクラスもとても真剣に取り組みます。

2　Aさんのクラス（40人）では，みんなからの信頼が厚い学級委員のBくんが指揮者に選ばれました。

3　Bくんの発案で，朝練を毎日30分間やることになりました。この提案には，みんな大賛成でした。

4　ところが，実際に朝練が始まると，ソプラノパートのCさんだけが毎回10分だけ遅刻してきます。Cさんは，いつもより早く起きるのがどうしても苦手なようでした。

5　クラスの中でも特に真剣に練習に取り組んでいたDくんたち4人は，これに不満を持ち，「Cはやる気がない。」，「指揮者のBがかわいそうだ。」，「これで負けたらCのせいだ。」などと言い始めました。

6　そのうち，Dくんたちは，慌てて教室に駆け込んでくるCさんの姿を

面白おかしく真似したりするようになりました。

7　それを見て，クラスの15人ほどの生徒が大きな声で笑ったりするようになりました。

8　その様子を指揮者のBくんは，ただ静かに見ていました。

9　ある日，遂にDくんたちがCさんのことを「遅刻魔」，「ナマケモノ菌」などと呼び始めたので，クラスの中でCさんに話しかける人は誰もいなくなってしまいました。

10　Aさんは，「このままではいけない。なんとかしなければ」と思いましたが，何もすることができませんでした。

5.2. 1回目の授業の復習

ア　いじめの定義

この事例では「Cさんの気持ち」をあえて記載しない。実際のいじめの場面では本人が「辛い，悲しい」などと自分の気持ちを明示するとは限らないからである。

事実，1年目で学んだいじめの定義を参照した上，「Cさんが『辛い，悲しい』などと感じているかわからないので，これは『いじめ』とはいえません」との意見を述べる子どももいる。

しかし，いじめ防止法の目的はいじめの防止（早期発見・重大化防止）にある。Cさんが明確に口にしていなくとも，Cさんの様子から「辛い，悲しい」などと感じていることが読み取れれば当然「いじめ」として対処しなければならないし，仮に読み取りづらくても「多くの人が『辛い，悲しい』などと感じるだろう行為」については積極的に「いじめ」と捉えて対応していくことが必要になる。本授業ではその重要性を強調するようにしている。

なお，モノマネをして笑いものにされたり，菌扱いされたり，話しかけられなくなったりすれば，多くの人が「辛い，悲しい」などと感じるだろうから，この事例におけるDくんたちの行為は「いじめ」と捉えて差し支えない。

イ　いじめは「手段の選択」

そうした前提のもと，1回目と同様，Dくんたちが怒ること自体は内心の自由（憲法第19条等）から問題がない旨を指摘する。一生懸命に取り組みたいことを阻害された（と感じた）ら，腹を立てるのは当然だろう。

問題なのは，その怒りやDくんたちにとって"上手くいっていない状態"を解消する手段として，相手の尊厳を傷つける手段をあえて「選択」している点である。

本授業では，そうした前提を踏まえた上で「他にどのような解決手段があったか」，「どの時点で誰がどう動いていればより適切に解決できたか」，「自分がAさんの立場だったらどうするか」などをグループで検討してもらう。

5.3. いじめの四層構造と傍観者にできること

ア　いじめの四層構造

「いじめの四層構造論」によれば，いじめには，被害者，加害者，観衆及び傍観者が存在し，四層構造になっている。観衆とは加害を面白がり，はやし立てる存在であり，傍観者はそれを静観している者たちである。

本事例の場合，被害者はCさん，加害者はDくんら4名，観衆はDくんらのモノマネで笑う15名，傍観者は主人公のAさんや指揮者のBくんを含む20名，ということになろう。

これらは互いに影響を与え合っているため，加害者の後ろ盾となる観衆の勢いを削ぎ，加害者の加害行為を弱めていくために，傍観者が何らかの行動（本授業では「小さなNO」と呼んでいる）を取ることが重要である。

イ　傍観者にできること

その「小さなNO」を出すために傍観者が担える役割には①スイッチャー，②シェルター，③通報者，及び④仲裁者などがある。

まず，①スイッチャーは，文字通り「スイッチする人」である。悪口や不穏な空気を感じたら，話題を変えるなどしてその場の空気を変える。

②シェルターは，被害者の逃げ場になる人をいう。面と向かって被害者をかばうことができなくても，折に触れて声掛けしたり，話を聞いてあげたりする

のである。近年では，携帯電話やスマートフォンなどを用いることで加害者に気づかれないようそうしたことを行うことも可能である。

③通報者は，教員や加害者に影響力がある者などに事実を伝える者をいう。前述の通り，本授業ではリスク管理の視点から，この役割をより重視している。そのため，先生に伝えることはけっして卑怯ではないこと，伝えるときは身の安全のため，"こっそり"行うことが重要であることを強調している。

④仲裁者は，まさに"仲裁する人"であり，加害者に直接 NO と言う人である。この仲裁者が大人にとっての「理想の子ども」であることは否定しないし，実際，仲裁者になれる子どもは素晴らしい。しかし，いじめは「クラスの空気」が大きく関係している。「次は自分がいじめられるかもしれない」という恐怖に打ち勝って仲裁者になれというのはあまりにハードルが高すぎる。そのため，「仲裁者になれたら素晴らしいが，無理はしないでよい。無理のない範囲で『自分にできること』を探し，確実に実行してほしい」と伝えるようにしている。

多くの場合，傍観者はクラス内で最も人数が多い。そうした傍観者の「できること」のハードルを下げ，少しずつ確実に動いてもらうようにすることが大切である。

5.4. 近年子どもたちに検討してもらうこと

ア　Dくんたちの言い分を掘り下げる

実は，この事例には多くの法的な論点が含まれている。それがDくんたち（または彼らを支持する子どもたち）の不満や納得いかない気持ちと結びついていることがあるため，近年はこの事例をさらに法的に掘り下げるようにしている。

具体的には，以下に挙げた「Dくんたちの言い分」をどう思うか，賛成か，反対か等を検討してもらう。

【Dくんたちの言い分】

①全員で朝練すると決めた以上，決まりは決まり！　従うべき！

②練習を邪魔されて怒るのは当然！怒るのもダメなの？

---

③決まりを破った以上，ペナルティも必要！　Cさんだけ特別扱いはズルい！

　子どもたちの傾向としては，いずれの言い分に対しても共感を示すことが多い。特に①については，強い支持を表明する子どもが多い。「Cさんのような者を許したらクラス全体が緩んでしまう」というのが主な理由である。②については「怒るのがダメではないけど，それを人にぶつけてはいけない」といった1回目の授業を踏まえた回答が多い（なお，この問いかけを行うときは，前半部分で「内心の自由」の復習をしないようにしている。）。③については言い分を強く支持する意見から，「ペナルティで人を動かそうとするのはよくないのではないか」といった意見まで様々なものが出る。

イ　①決まりは決まり！　従うべき！

　この意見に対しては，「法は何のためにあるのか」という根本から説明していく。先にも触れたが，法は，国民一人ひとりが個人として尊重される社会の実現のため，「個人の尊厳」を守るために存在している。

　したがって，今ある法によって誰かが不当な制約を受けていたり，権利が著しく制限されたりすることがあれば，適切な手続を経て，その内容を変えることができる。「もう決まったことだから」という理由だけで決まりを無理やり押し付けてしまうのは，法の本来の在り方に反する。

　したがって，「みんなで決めたルールを運用してみたところ，ついていくことができない人が出はじめた」という本事例のような場合，その時点でルールの見直しを検討することが望ましい。

　具体的には，朝練自体を任意参加にする，朝練を20分にする，最初の10分だけを任意参加にする，昼練習を追加する等，見直し方は多数存在する。

ウ　②怒るのもダメなの？

　前述の通り，私たちには「内心の自由」（憲法第19条等）が保障されている。したがって，Dくんたちの心の中の怒りそのものは全く問題ない。問題は，怒りの表現方法をはじめとする問題解決手段の「選択」である。Dくんたちは，

自身の憤りを尊重しつつ,「相手の尊厳を傷つける手段」以外の解決方法を検討する必要があった,ということになる。

　具体的には,Cさんに直接「全員揃って開始できないと練習の精度が落ちるし,みんなのモチベーションも下げてしまう。実際,遅刻する人が目につくと自分も嫌な気持ちになってしまう。だから,遅刻する理由を説明してほしいし,どうしたら遅刻しないかを考えてほしい」などと伝えることが考えられるだろう。

エ　③ペナルティも必要！　Cさんだけズルい！

　この意見に対しては,「手続保障（適正手続）」（憲法第31条）を説明する。「手続」というと「形だけ」のようなイメージがあるが,本来,手続は権力に対するブレーキの役割を担っている。

　すなわち,憲法第31条では「何人も,法律の定める手続によらなければ,その生命若しくは自由を奪はれ,又はその他の刑罰を科せられない。」とし,刑罰という権力を発動させるには「法律の定める手続」に基づかねばならないことを明示している。これを「手続保障（適正手続）」という。

　この手続保障（適正手続）を具体化したものが刑事訴訟法であるが,同法は捜査から公判に至るまで極めて細かく手続を定めている。基本的人権を大きく制約する刑罰という権力を国家が発動する以上,その結論に至るまでの過程を慎重に検討していかねばならない。つまり,手続を国民に保障すること,権力を持つ者に遵守させることは,それ自体が基本的人権を守る行為なのである。この手続保障の考え方は,刑事法に限らず,会社法をはじめとする民事法や行政法等においてもその趣旨が反映されている。

　本事例との関係でいえば,手続保障（適正手続）の概念のなかでも「明確性の原則」が参考になるだろう。すなわち,誰かに対して「ペナルティ」を課すのであれば,あらかじめその内容及び要件を明示しなければならない,という原則である。基本的人権を守ることを目的とした原則であるから,当然,ペナルティの内容はそれ自体が人道的なものではなければならないし,ペナルティと対象行為のバランスも取れていなければならない。

　つまり,もしCさんに何らかのペナルティを課したいのであれば,Dくんた

ちのように私的制裁を加えるのではなく，クラスでの話し合いを経た上で適切なルールを改めて設ける必要がある。具体的には，「無断で朝練に3回遅刻した者は，昼練習を10分間追加する」などが考えられる。

　個人的には，ペナルティを制度化する方向で解決することを子どもたちに選択してほしいとは思っていない。しかし，もしDくんが自身の気持ちを尊重した上で相手の尊厳を傷つけない解決手段を検討するのであれば，こうした制度をクラスに提案してみるというのも，選択肢の一つにはなりうる。

5.5. 「権利主張はわがまま」の危険性

　色々な視点から掘り下げられる本事例であるが，さらに深く検討していくと「権利主張はわがまま」という概念に直面する。本事例が「集団」と「個」の利害が対立する事案だからである。「なぜたった一人のCさんのために，クラスみんなが変わらなければならないのだ。そんなものはCさんのわがままだ」と考える子どもたちはきっと多い。

　そこで近年は，時間のある限り以下についても触れるようにしている。

ア　「私」の権利と「あなた」の権利は繋がっている

　「Cさんはわがまま」という意見を持つ子どもに「もしあなたが遅刻してしまって，Cさんと同じことをクラスメイトからされたらどうしますか？」と問うと，多くの場合，「その場合は，私が悪いので我慢します」という回答が返ってくる。自分は遅刻しない自信（遅刻しない努力をしている自負）があるからこそであろう。しかし，これは「もし失敗したら，権利侵害されてもよい」ということであり，条件付きで自身に対する権利侵害（不当なペナルティ）を許容している。つまり，本質的には自分自身を尊重できていない。

　ここで抜け落ちているのは，「『私』の権利と『あなた』の権利は繋がっている」という視点である。Cさんが守られないクラスは，「何らかの失敗」を自分が行ったときに自分も守られないクラスなのである。逆に，Cさんが守られるクラスは，自分も守られるクラスである。「自分を尊重する」という観点からも，自分を含む全てのクラスメイトの権利が守られるクラスづくりを目指すことは非常に重要なのである。

なお，当然ながら，これはクラスに限られた話ではない。私たちの社会においても同様のことがいえる。「『私』のプライバシー権が守られる社会は，『あなた』のプライバシー権が守られる社会である」というように「私」と「あなた」の権利は繋がっている。

　こうした視点が抜け落ちる原因については次項で考察する。

イ　「権利の調整」には縦ベクトルと横ベクトルがある

　冒頭で，法は全ての個人を尊重するためにあり，互いの権利利益を調整する役割を担っていると述べたが，この権利利益の調整には，縦ベクトルと横ベクトルがある。

　まず，横ベクトルとは「あなた」と「私」という対等に近い関係性である。そして，大人は子どもたちに「相手のことを尊重しましょう。迷惑をかけないようにしましょう」とこちらの関係性ばかりを強調しがちである。そのため，誰かが「権利を行使する」と聞くと，「私」の権利が制限されるかのようなイメージが先立つ。

　しかし，実際の権利の調整には縦ベクトルもあり，そちらの方がより重要である。すなわち「国家と個人」，「行政と個人」，「会社と従業員」，「学校と子ども」といった力関係の非対称な関係性における権利利益の調整である。基本的人権も主にこの縦の関係性で登場する。

　ここでの調整方法をあえて単純化して説明すると，まず法律は行政等の“集団を束ねる側”に権限と広い裁量を与える。これに対し，相対的に弱い立場となる個人には「権利行使の機会」を与える。「機会はしっかり与えるから，あとは自分で権利行使せよ」ということである。

　したがって，自身の権利を認識しない限り，私たちは「権利行使の機会」を失い続けることになる。法律の世界では，「権利の上に眠る者は保護しない」とされ，そうした考え方に基づく制度も存在する（例：消滅時効。請求権が一定期間で消滅する）から，自身の権利の適切な認識は非常に重要である。

　また，縦ベクトルを意識できないと，「Cさんはわがまま」という意見を持つ子どもたちのように，自らが権利を制限（侵害可能性を含む）される“当事者”となっていることにも気づきづらくなる。横の意識しか持てないと，あた

かもクラスメイトの権利が別個独立に存在し，他者への権利の制約が自身に影響ないかのように感じるからである（私はこれを「権利を二次元的に捉えている状態」と呼んでいる）。しかし，実際は「Cさんへの権利侵害を許すクラスは，自身への権利侵害も許すクラス」であり，全てのクラスメイトの権利が「対クラス」（又は「対学校」）という縦の関係性では繋がっていることがわかる。

　つまり，「権利主張はわがまま」という認識は，横ベクトルの意識が強すぎて「権利」を正確に捉えられていないばかりか，縦ベクトルでの権利行使の機会を失わせ，「相対的に弱い立場にある全ての個人」の首を絞める。

　事実，「Cさんはわがまま」という意見を強く持つ子どもたちは，Cさんを遅刻させないことばかりにこだわり，朝練や合唱コンクールそのもの等，クラスや学校の「仕組み」を変えて解決しようという発想に至りにくい。

　したがって，権利に対するこうした誤解を丁寧に是正していくことは，「いじめ」を予防する観点からのみならず，「平和で民主的な国家及び社会の形成者として必要な資質を備えた心身ともに健康な国民の育成」（教育基本法第1条）という観点からも非常に重要である。

5.6. 縦ベクトルでは「対立」も非常に重要

　本授業の内容から少し離れるが，近年，学習指導要領が改訂され教育現場では「対話」の重要性がより強調されはじめた。これはいじめ問題にも良い影響を与えるだろう。

　しかし，「学校と子ども」，「教員と子ども」，「大人と子ども」等，力関係が非対称な関係性のもとでの「対話」には，思いのほか多くの配慮が求められることにはやや注意が必要である。紙幅の関係上，深くは触れないが，大人が意図せずとも子どもは大人の発言に圧力を感じ，その意見に適応しようするからである。このことは主に児童相談所が行う「司法面接」の場面などで詳細に検討・研究されている。

　また，「対話」を重視するあまり「対立」をタブー視するのは望ましくない。子どもたちが「対立」と評価されるのをおそれて，権利主張自体を諦めるおそれがあるからである。

　縦ベクトルの関係性のもとでは「対立」は相対的に弱い立場に立つ者が権利

を実現するための主要な手段の一つである。対立のタブー視は，その主要な手段を奪う。つまり，タブー視それ自体が「力を持つ者の持たざる者に対する圧力」になりうるということである。

　むしろ，相対的に弱い立場に立つ者からすれば，「対話」すらも「力を持つ側を動かす」という意味での「戦略的な対立」といえる。

　したがって，子どもたちが社会に出たときに縦ベクトルの権利行使を適切に行えるようにするためにも，縦ベクトルにおける「対立」が必ずしも“悪”ではないことは明確に伝えておくことが大切である。

6.「個人の尊厳」が守られる社会を実現するために

6.1. 変化は「私」からはじまる

　本章では，主に法的視点の提供という観点から「いじめ予防授業」の解説を行ってきたが，「教室内のできごと」だけを議論しているにもかかわらず，個人の内心から社会の仕組みに至るまで様々な視点が出てきたと思う。

　このことは，「学校」が「社会」の基礎を作っていることを改めて感じさせる。学校の良い変化は，社会の良い変化を確実にもたらすだろう。そのためには，現在数多く論じられている制度改革など様々な「外側の変化」が不可欠であることは間違いない。

　しかし他方で，本授業を通して「私」という個人と「社会」が地続きであることも少なからず感じていただけるのではないかと思っている。私たち一人ひとりが本当の意味で自分を尊重し，その尊厳を守っていくことができれば「個人の尊厳が守られる学校」はもちろん，「個人の尊厳が守られる社会」も実現できるのではないだろうか。法的な視点を得ることが，そうした子どもたちの「内側の変化」にも繋がればとても嬉しい。

6.2.「市民を育てる」には人権への理解は不可欠

　最後に，本書は「市民を育てる」がテーマであるから，少しだけ人権と教育について触れたい。

　国連経済社会理事会のもとに設置された社会権規約委員会の一般意見13号

1 には「教育はそれ自体で人権であるとともに，他の人権を実現する不可欠な手段」と書かれている。教育を受けられないことは，教育を受ける権利（憲法第 26 条，子どもの権利条約第 28 条）そのものを享受しえないだけでなく，自分に保障された基本的人権の内容，人権侵害から身を守る術，権利行使の方法を知ることもできなくなるということである。教育は，自身の基本的人権を守るため，守られる社会を作っていくためになされるものである（子どもの権利条約第 29 条 1 項（b）参照）。

　実際，人権に対する認識の甘い国民が増えれば，国民による国家権力に対する監視も甘くなる。結果，私たちの人権は徐々に制約され，縮小していくことになる。人権に関する適切な教育がなされなければ民主主義社会における「国民主権」の前提は揺らぐのである。

　したがって，私たちは，自分のためにも，子どもたちのためにも，まだまだ「個人の尊厳が守られる社会」に向けて学んでいかなければならない。そうした優しい社会に少しでも近づけるために，子どもたちと一緒に人権を学ぶ機会をぜひ作ってみてほしい。そのために，私にできることがあれば，喜んで協力させていただきたい。

註
　1）他人に向ける「すべき」が自分自身にも向いてしまうことは，臨床心理士の塚越友子氏も指摘している（真下 2021: 117）。

参考文献
芦部信喜，2019，『憲法』岩波書店.
荻上チキ，2018，『いじめを生む教室』PHP 新書.
喜多明人ほか，2009，『[逐条解説] 子どもの権利条約』日本評論社.
仲 真紀子，2016，『子どもへの司法面接』有斐閣.
真下麻里子，2019，『弁護士秘伝！教師もできるいじめ予防授業』教育開発研究所.
真下麻里子，2021，『「幸せ」な学校のつくりかた——弁護士が考える，先生も子どもも「あなたは尊い」と感じ合える学校づくり』教育開発研究所.
マーシャル. B. ローゼンバーグ，安納献監訳，小川敏子訳，2018，『NVC 人と人との関係にいのちを吹き込む法 新版』日本経済新聞出版.

第6章

教室内での排除と差別
―ジェンダー・セクシュアリティの観点から―

虎岩　朋加

1.　ジェンダー・セクシュアリティの観点から見た学校という場所

　「二級市民（second-class citizen）」という言葉を知っているだろうか。「二級市民」とは，劣等なシティズンシップを割り当てられた人であり，一般的な市民としての法的な権利を奪われた人のことを意味する（"second-class, adj." OED Online）。アメリカで使われるようになった言葉である。一般的な市民としての法的な権利を奪われた「二級市民」として私たちがすぐに思い浮かべるのは女性だろう。女性が結婚すると，法的・市民的なアイデンティティを喪失することになる国もあった。財産をもつことができなかったり，所有することができなかったりした時代もあった。多くの国や地域で，女性が参政権を持つために運動しなければならなかったこともよく知られている。女性は一般的な市民としての法的な権利を持つことはなく，劣等なシティズンシップを割り当てられた存在だったと言えるだろう。

　現在では，「二級市民」はより広い意味，または比喩的な表現として使われるようになっている。比喩的な表現としての「二級市民」は，ある社会で制度の中に作り付けられている制度的な差別的扱いにより，市民として生活する上であることを成し遂げようとする際に，その社会の市民であるにもかかわらず一般的な市民が得られる機会や可能性を持つことができないことを意味する。このような差別的な扱いは，大抵の場合，社会がデザインされる上で「一般

的」としてみなされる「市民」とは異なることによって，その「異なる」という印を付けられて分類された人々に対して行われることになる。その分類には，たとえば，人種やエスニシティ，年齢，ジェンダー，セクシュアリティ，障害の有無などがある。これらの分類で「異なる」とされた人々は，社会の構造的な排除の結果，市民が当たり前に持つ機会や可能性を得られないばかりか，日常の生活の中で「異なる」とされることでさまざまな偏見や否定的な見解に出会うことになる。偏見や差別そして排除は，学校教育の中でも起こる。

　本章では，後者の意味での「二級市民」の観点から，学校の中で起こっていること，また，教師の役割を理解していこう。社会の制度的な差別構造によって，「二級市民」として位置付けられてしまっている人たちにとっては，学校教育自体に内在するアイデア自体が敵対的でその存在を脅かすようなものでもありうる。さらには，社会が「二級市民」として日常生活の中でこれらの人々をどのように取り扱っているのかを意識していなければ，その教育活動を通して特定の人たちを教室の中で「二級市民」に位置付けることに教育者が共謀しかねない。「二級市民」に位置付けられる人たちに学習者としての積極的な自己の意味付けを発達させる機会を用意することに，学校がどのように失敗している可能性があるのか考えてみよう。

　最初の事例として例に挙げた「女性」は，かつて確かに市民としての権利を奪われていた。「市民」としての権利を持つようになった現在でも，後者の意味での「二級市民」であるとも議論できる。また，性自認や性的指向についての意識が高まった現在，異なる性を生きる人々も「二級市民」として社会制度の中で位置付けられていることについて理解が深まってきている。本章では，ジェンダーとセクシュアリティに焦点を当てて「二級市民」の観点から，社会がそして学校がどんな場所なのか，またどんな場所でありうるのか検討してみよう。後者の意味での「二級市民」が，社会においてまた学校においてどのような経験をしているのか，ジェンダーやセクシュアリティの観点から詳細にかつ具体的に見ていこう。まず，「市民」であれば当たり前のことを「二級市民」が手に入れることがどれほど難しいことなのか，そのことを一目瞭然にするゲームを紹介する。さらにジェンダーやセクシュアリティをめぐるどのような支配的な考え方が，男性ではないとみなされる人や異性愛ではないとみなされる

人々を「二級市民」に位置付けるのか考察してみる。最後に，「性差別体験授業」が示す教師の役割を紹介して，教師が排除と差別をどのように教室内に再生産するのか考察しよう。

2.「特権ウォーク」

自分の持っている特権を意識させるゲーム「特権ウォーク（privilege walk）」がある（Sassi & Thomas 2008）。ここでいう特権とは，ある社会の「市民」であれば誰もが当たり前に持っている権利や強みを意味する。「特権ウォーク」では，30 の特権または不利益のリストが読み上げられる。部屋の中央に引かれた線上に並んだ人たちが，読み上げられた項目ごとに，それに自分が当てはまると考えれば一歩前，または一方後ろに下がるというものである。参加者はリストが読み上げられる間，目を閉じるように求められる。読み上げられる項目は，たとえば，右利きの場合一歩前へ進みなさい，国会議員が代表する性別や人種の多数派が自分の性別や人種と同じなら一歩前へ進みなさい，自分の髪質に合う製品や自分の肌の色に合う化粧品が見つかりにくい場合は一歩後ろに下がりなさい，などというものだ。読み上げられる項目は，ある特定の社会において特権となったり不利益となったりすることなので，実際に「特権ウォーク」を行う場合は，その社会の中でどのようなことが特権や不利益にあたるのか精査して項目づくりをしなければならない。その他にも以下のような項目が考えられるだろう。

一歩前に出る項目
① 夜間に街頭を歩くことに困難も恐れも感じない場合は一歩前へ進みなさい。
② 恋愛関係にあるパートナーへの愛情表現を公の場で行っても馬鹿にされたり暴力を振るわれたりする恐れがない場合は一歩前へ進みなさい。
③ 医者に診てもらう必要があるときに，ためらうことなく医者に行ける場合は一歩前へ進みなさい。
④ 自分が住んでいる町の名前についてちゅうちょなく話すことができるなら一歩前へ進みなさい。

一歩後ろに下がる項目

① 自分のジェンダーや人種のせいでやりたいことや自分の夢を阻まれたり思いとどまらされたりしたことがあるなら一歩後ろへ下がりなさい。

② アパートを借りるときに自分のジェンダーやセクシュアリティやエスニシティのせいで不公平な扱いを受けたことがあるなら一歩後ろへ下がりなさい。

③ 自分では変えられないことによって学校でいじめられたり，馬鹿にされたりしたことがある場合は一歩後ろへ下がりなさい。

④ 自分のジェンダーに関連したからかいやジョークで居心地悪く感じたことがあるなら一歩後ろへ下がりなさい。

　全てのリストが読み上げられ目を開けた参加者は，大抵の場合，驚きと居心地の悪さを感じることになる。最初に出発した線から遠く前に進んだ人もいれば，ずいぶんと後ろに下がる人もいる。一目瞭然になるのは，自分が社会の中でどの位置にいるかということであり，自分が社会的に特権を与えられているのか，あるいは不利な状況に位置付けられているのかということだ。この場合「特権」とは，特に努力しなくとも何かを利用できたり，何かや誰かやどこかに強く働きかけたりしなくとも既に得ているような強みやメリットであったりする。病院に行くということが何のためらいもなくできるのならば，あなたは治療費を気にしなくてよかったり，保険のことを心配しなくてよかったり，あるいは，健康保険証への記載事項と自分の見た目が一致していないことを気にかけなくてよいということを示している。逆に言えば，私たちの社会には，これらのことによって病院に行くことが簡単にできないという人もいるということである。社会がその個人をどのように位置付けているのか，社会制度がその人たちをどのように扱っているのかがここに示される。このゲームは，ある人が当たり前とみなしていること，あって当然できて当然と思っていることが，全ての人にとってはそうではないということを参加者に目に見える形で示す。そして当たり前のこと，できて当然なことは，社会制度に埋め込まれる形で可能になっていることを示す。保険も，治療費も，保険証の記載事項も，特定の個人が困ることのないように，社会制度上で変更することが可能なものである。それらの個人が特権を奪われている状態を生み出しているのは，社会の制度な

のだと言える。このようにして,「二級市民」は制度に組み込まれて存在している。社会のさまざまな力がさまざまな制度的な実践を通して,その参加者に公平ではないあり方で影響を与えていることが明らかになる。

3. 異性愛であるという特権

3.1.「二級市民」とセクシュアリティ

このように「特権ウォーク」は,「市民」であれば当たり前のことがある人々にとってはそうではないこと,その意味でこれらの人々は市民に準じる扱いをその日常生活の中で受けているということ,すなわち比喩的な意味での「二級市民」であることを思い起こさせる。比喩的な意味で「二級市民」であることとはどういうことなのかをさらに明確にするために,住居政策をめぐるシンガポールでの性的マイノリティの扱いを見てみよう(虎岩 2021)。この事例は,「特権ウォーク」で読み上げられる事項の事例の一つ,「アパートを借りるときに自分のジェンダーやセクシュアリティやエスニシティのせいで不公平な扱いを受けたことがあるなら一歩後ろへ下がりなさい」という項目にも関わるものである。どのような政策が市民の中に「二級市民」を巧妙に生み出しているかを示す。

シンガポールの住居政策は,若い人々が一人暮らしをすることを大変困難なものにしているのはよく知られている。シンガポールではおよそ8割が公営住宅に住んでいる(Yue 2012)。公営住宅を購入するには,結婚しているか,結婚することが決まっていなければならない。また独身者が公営住宅を購入したい場合,35歳以上でなければ購入申し込みをすることができない。つまり,35歳に満たない人々が,親のものではない自分自身の住居を持つための唯一の選択肢が結婚なのである。シンガポールでは,親からの独立と結婚制度が密接に関係した住居政策が採られていると言える。最近の政策変更で独身者の公営住宅の購入を2名以上のグループでできるようになったが,それでも,購入する場合は35歳以上でなければならないということに変更はない。また民間住宅を購入するという選択肢もあるが,非常に高価である。若い人たちには民間住宅を購入する金銭的余裕はない。

この住居政策の根幹にある「結婚」は，シンガポールでは異性間のものである。イギリス植民地時代より受け継いだ刑法 377A 条により男性同士の性的関係は禁じられ，男性同士の性的関係には最大 2 年の懲役刑が科せられる。ついでに言えば，男性に限られる同性関係の違法性は，全ての同性同士の関係性に否定的なスティグマ（烙印）を与えていることは否めない。シンガポールの住居政策にしたがえば，異性愛ではないセクシュアリティの場合，さらにはそのセクシュアリティに忠実に生きたい場合，35 歳までに親から独立することは，よほどの経済的余裕がない限りは不可能である。したがって，パートナーと同居することも許されないということである[1]。

　2022 年 8 月 21 日にシンガポール政府は，一般市民の意識変化を理由として刑法 377A 条の廃止に向かうことを公表した（Padocc Aug 21, 2022）。ただし，刑法改正の前に憲法修正も行うことも明らかにしている。その憲法修正では結婚は異性間のものであることを明記するとした。住居政策と関連させて言えば，同性間での性的行為を違法としないことにするとはいえ，同性同士の結婚は違憲とすることによって，若い人たちが自分のセクシュアリティにしたがってパートナーと家を持つことを不可能にする政策を維持し続けるというわけである。制度に組み込まれた特定の考え方——この場合は異性愛を規範とするという考え方——が，異性愛者であれば当然手に入れられるもの，たとえば親から独立することや，結婚と同時に家を買うこと，パートナーと同居することを，異性愛のセクシュアリティではない人々にとって当たり前ではないものにしている。この住居政策は，異性愛のセクシュアリティではない人たちを市民であることから排除する効果を持っていると言えるだろう。

3.2. 学校教育の中の異性愛規範

　シンガポールの事例は，社会における制度的な区別と排除によってどのように「二級市民」が生み出されるのかをよく示している。異性愛ではないセクシュアリティを異なるものとして特定，排除することにより，異性愛より劣ったものとして，つまり二級のものとして生み出しているのである。この制度的な区別と排除の背景にあるのは異性愛規範（heteronormativity）というイデオロギーであり，このイデオロギーを制度の中に実現する異性愛主義（heterosexism），

そして個々人の中に実現する同性愛嫌悪（homophobia）である。異性愛規範は異性愛が正しいという規範を形成するために，異性愛以外を排除する権力作用として働く。その権力作用は，社会においては，そのさまざまな制度の中に異性愛以外のあり方に制裁を加えたり，排除したり，不利益を与える方法で表現され，また，個々人に内面化されて，異性愛以外のあり方に対して恐怖や嫌悪として表出される。

　学校はそのような異性愛以外のあり方を排除し，それに不利益を与え，さらには制裁も加えうるような制度の一つでもある。これは学習指導要領に示される。

　たとえば，中学校学習指導要領の保健体育の「保健分野」の内容として，「思春期には，内分泌の働きによって生殖に関わる機能が成熟すること。また，成熟に伴う変化に対応した適切な行動が必要となること」があり，その取り扱いについては，「妊娠や出産が可能となるような成熟が始まるという観点から，受精・妊娠を取り扱うものとし，妊娠の経過は取り扱わないものとする。また，身体の機能の成熟とともに，性衝動が生じたり，異性への関心が高まったりすることなどから，異性の尊重，情報への適切な対処や行動の選択が必要となることについて取り扱うものとする」としている（文部科学省 2017a）。扱われているのは異性愛のセクシュアリティのみである。特に，この記述は，人間の身体的発達の正常性を示しているものでもあり，正常基準とは異なるもののあり方を正常でないものとして印付ける可能性をはらんでいる。

　「特別の教科　道徳」にも，非異性愛のセクシュアリティを存在しないものとして扱う記載が見られる。中学校学習指導要領解説「特別の教科　道徳編」では，道徳内容項目の一つ「友情・信頼」に「異性についての理解を深め」という記述があるが，その指導の要点として「性差がはっきりとしてくる中学生の時期には，異性への関心が強くなるとともに，意識的に異性を避けたり，興味本位の情報や間違った理解から様々な問題が生じたりすることもある」と記載されている（文部科学省 2017b）。想定されているのは明らかに異性愛のセクシュアリティである。「異性への関心」の高まりという記載も，「意識的に異性を避けたり」するという記載も，その記述者が異性愛でないセクシュアリティの多様なあり方を見過ごしていることを示す。

このように，学習指導要領には異性愛のみが存在し，異性愛こそが正常なあり方であるとするような記述が見られる。教育者は異性愛主義が浸透する学習指導要領に基づき教育実践や言動を行う。異性愛規範を学校の中に行き渡らせていくのである。国際的な NGO 組織であるヒューマン・ライツ・ウォッチは，日本国内での LGBT の若者に対していじめの実態調査を行って，報告書『「出る杭は打たれる」——日本の学校における LGBT 生徒へのいじめと排除』を公刊している（ヒューマン・ライツ・ウォッチ 2016）。本報告書は性的マイノリティを自認する 18 歳未満の子ども 13 人，18 歳以上の性的マイノリティ 37 人から聞き取りを行い，学校で経験したいじめのさまざまな事例を紹介しているものである。この報告書の中で，異性愛主義に基づく教育活動が具体的に見て取れる事例がある。自分の性的指向を他人に知られないように細心の注意を払っていたある生徒が，高校の家庭科の授業の時間で見聞きした先生の発言である。その先生は，女子生徒全員に向かって，人生の責任とは男性と結婚して子どもを産むことだと述べたという。これを聞いて当該の生徒は「動転してパニックになってしまいました。息ができなくなり，泣き出してしまったのです」と述べている（ヒューマン・ライツ・ウォッチ 2016）。異性愛主義と伝統的な結婚の定義に基づく教育活動が，規範としての異性愛を子どもたちにどのように浸透させていくのかをこの事例はよく示している。さらにこの事例は，異性との結婚という異性愛規範を行き渡らせているだけでなく，「子どもを産む」ことこそが女の役割であるというジェンダーについてのイデオロギーも子どもたちに強制しているということを付け加えておこう。セクシュアリティの規範並びにジェンダーに関する規範を示し，それらの規範から外れるものの存在を否定しているのである。

3.3. 学校教育の中の同性愛嫌悪

　個人の態度に示される同性愛嫌悪は，もともとは 1972 年に臨床心理学者であるワインバーグ（Weinberg, G.）が *Society and Healthy Homosexuality* という本の中で採用した造語である（Weinberg 1972）。一般にフォビア（phobia）という言葉は，道理を逸したような恐怖を示すものである。同性愛嫌悪の場合は，同性に魅力を感じる人に対するちょっとした嫌悪から憎悪にまでわたるような態

度や傾向を意味する。同性愛嫌悪は，異性愛でないセクシュアリティの人たちに内面化されている場合には（そして，それはしばしば起こるものであるが），否定的なスティグマを避けるために自らのセクシュアリティを意図的に歪めて他者に伝えることとして表現される。また自らの異性愛性を他者に証明することは不可能であるということから，同性愛嫌悪を内面化する異性愛者は自分が同性愛者ではないことを示すために，同性愛と印付けられうるようなものを避けなければならないと感じたり，そのようなものに対して暴力を振るったり，異性愛として印付けられるような文化的コードを繰り返し表現したりして，自らの異性愛のセクシュアリティを外部に対して示そうとする。特にこの傾向は男性に見られる。

　男性に見られる同性愛嫌悪を鮮明に描くのが 2017 年のアカデミー賞作品賞を受賞した映画『ムーンライト』である（Jenkins 2016）。主人公のシャロンが子どもの頃から大人になるまで自らのセクシュアリティやアイデンティティとどのように向き合ってきたのか，その過程でどんな困難に出会ってきたのかを描く。母子家庭に育つシャロンは小さい頃はひ弱で体の小さな子どもであり，友達はクラスメイトのケヴィンだけである。10 代になったシャロンはケヴィンとは仲良くしているが，学校の中の乱暴者テレルが率いるグループにからかわれ，いじめられる毎日を送る。ある日テレルはシャロンと仲良くしているケヴィンに，シャロンを殴るように命じる。そうでなければケヴィンもシャロンと仲間である（つまり，同性愛）とみなされることになる。ケヴィンは友人であるシャロンを皆の前で殴る。血を流そうと顔が腫れ上がろうとも崩れ落ちないシャロンをケヴィンは何度も殴りつける。この映画のハイライトのシーンの一つだ。この後，大人になったシャロンには子どもの時の面影は全くない。ひ弱で優しげなシャロンの面影は消え，大人のシャロンは鍛えられて筋肉の盛り上がった体を持ち，麻薬の売人になっている。そのような外見を裏切るかのように，子どもの時にケヴィンとビーチで一度だけ親密な関係になって以来人と親密な関係になったことはないことが，映画の終盤に描かれる。

　シャロンを何度も殴りつけるケヴィンには，同性愛嫌悪の効果が鮮明に描かれる。ケヴィンはシャロンの友人である。しかしそのケヴィンが，倒れ込むのを拒絶するシャロンを繰り返し殴りつけるシーンは，同性愛嫌悪がもたらすこ

とを非常に効果的に描き出す。ここでケヴィンを突き動かしているのは恐れだ。この恐れは，同性愛だとレッテル貼りされることへの恐れである。ケヴィンは自分が同性愛でないことを示すために，同性愛嫌悪を示す行為に従事するのである。同性愛でないことを示すために同性愛嫌悪を示す行為に従事するという同性愛嫌悪の一側面は，学校の中でしばしば観察される。ケヴィンが強制されたように，男らしさを示すために弱々しい男の子を集団でからかったり，いじめたりするようなことはよく聞かれる。いじめがエスカレートしてズボンや下着を無理やり脱がされたり，自慰行為を無理強いされたりすることがある（NHK 2021年9月10日）。ケヴィンのように，たとえ嫌でもやらないと自分が対象になってしまうという恐怖を持って，そうしたいじめ行為に参加する子どももあるだろう。

　同性愛嫌悪に基づく言動を教育者が放置したり，あるいは助長したりすることもある。ヒューマン・ライツ・ウォッチによる報告書の冒頭には，教育者による同性愛嫌悪の象徴的な言動についての言及がある。ある生徒は，高校生の時にカミングアウトしたものの，教育者の「無知と無関心にさらされた」とある（ヒューマン・ライツ・ウォッチ 2016）。カミングアウトした数日後，体育教師がやってきてその生徒に話しかけた。「お前がやったことは，他の生徒は冗談だと思ってると思うけど，それでもお前の隣にいるだけで俺までホモだと思われてしまう」（ヒューマン・ライツ・ウォッチ 2016）。この教育者の発言には同性愛嫌悪の一端が示されている。自分は違うのだということを示すために，同性愛嫌悪を示す暴力的な言動を当該の生徒に対して行っている。またこの報告書の中には，「保健の時間に教員が同性間関係に関する唯一の記述を取り上げる際に「ホモ」という表現を使い，『俺は実際にこういう連中のことを聞いたことがないな』と言ったのを覚えていた」という事例も記載されている（ヒューマン・ライツ・ウォッチ 2016）。授業時間中の教育者によるこのような言動は，同性愛嫌悪にある意味でお墨付きを与えるものでもある。

　学校での同性愛嫌悪は，異性愛でないセクシュアリティの子どもの自己受容や自己開示を難しくする。シャロンが自分自身のアイデンティティに悩み続け，安定した子ども生活を送ることができなかったのも，他者との親密な関係を持つことができなかったのも，自己受容や自己開示の難しさの結果を示している。

またケヴィンに見られたように暴力性をあわせ持つような男らしさを示すことを個人に強要し，また同性愛でないことを示さなければならないという恐れを個人にもたらすことで，学校という場は異性愛でないセクシュアリティの子どもたちにとって，安心も安全も提供することに失敗している。異性愛でない子どもたちは常に息を潜め，自分を押し殺し過ごさなければならないし，そうでなければ自分は同性愛でないことを暴力行為に加担してでも示さなければならない場所である。そして，そうした環境構成の一端を担っているのは，上記の事例に示された通り教育者なのである。教育者は，その教育活動を通して異性愛でない子どもたちが自分自身を受け入れ，自分の感情を自由に表出できることを難しくしている。ある意味で，学校もまた「二級市民」を生み出す制度の一つなのである。

4. 「男性」であるという特権

4.1. 「二級市民」とジェンダー

　再び「特権ウォーク」に戻ると，「自分のジェンダーに関連したからかいやジョークで居心地悪く感じたことがあるなら一歩後ろへ下がりなさい」という項目を事例に挙げた。この章のはじめに，字義的な意味で女性が「二級市民」であったことは述べた。女性は，比喩的な意味で現代でも「二級市民」であり続けているとも言える。

　「自分のジェンダーに関連したからかいやジョークで居心地悪くなる」経験は多くの女性にあるだろう。こうしたジョークやからかいは日常生活の中で頻繁に起こる。女性をジョークの対象にしてうけをねらった結果，ネット上で指摘されて批判される結果となるような事件の報道が後を絶たない。よく知られたものには，2021 年に開催された東京オリンピック・パラリンピック大会組織委員会の森喜朗会長（当時，後に辞任）の発言がある。以下に，2021 年 2 月 3 日，日本オリンピック委員会（JOC）の臨時評議員会での発言を引用する（朝日新聞 2021 年 2 月 3 日）。

　　これはテレビがあるからやりにくいんだが。女性理事を選ぶというのは，

日本は文科省がうるさくいうんですよね。

　だけど，女性がたくさん入っている理事会は，理事会の会議は時間がかかります。これは，ラグビー協会，今までの倍時間がかかる。女性がなんと10人くらいいるのか？　5人いるのか？　女性っていうのは競争意識が強い。誰か1人が手をあげていうと，自分もいわなきゃいけないと思うんでしょうね。それでみんな発言されるんです。

　結局，あんまりいうと，新聞に書かれますけど，悪口言った，とかなりますけど，女性を必ずしも数を増やしていく場合は，発言の時間をある程度，規制をしていかないとなかなか終わらないで困るといっておられた。だれが言ったとは言わないが。そんなこともあります。

　私どもの組織委員会にも女性は何人いたっけ？　7人くらいか。7人くらいおりますが，みんなわきまえておられて。みんな競技団体からのご出身であり，国際的に大きな場所を踏んでおられる方々ばかりです。お話もシュッとして，的を射た，そういう我々は非常に役立っておりますが。次は女性を選ぼうと，そういうわけであります。

この発言を聞いて，その場にいたJOCのメンバーからは，笑い声も上がったとされる。「誰が言ったとは言わないけど，女性を入れるのならば，発言時間の規制をしないとなかなか終わらない」などと，内輪の人ならばわかるだろうとうけをねらっている。「わきまえない」女は困るというメッセージであり，「わきまえない」女いるよね，と内輪の人々の間でのジョークを公の場で披露しているのである。女性というジェンダーを対象にしたジョークが公の場で大きな権力を持った人物によって行われている。

　女性を対象にしたジョークについての報道は他にもある。吉野家の元常務取締役が，ある大学で行った社会人向け講座の中で，若い女性に継続して吉野家を利用してもらう戦略を「生娘をシャブ（薬物）漬け」などと表現していたとされる。「田舎から出てきた右も左も分からない若い女の子を無垢（むく）・生娘なうちに牛丼中毒にする」といった趣旨の発言があったと指摘されていた。これも「田舎から来たなにも知らない若い女性」を使った，うけをねらったジョークである（朝日新聞 2022年4月19日）。この常務取締役はすぐに解任とな

った。さらには講座の受講生らが，関係者に対して，発言への抗議，再発防止を求める署名を送ったとされる。この場合，その場にいた受講生たちは居心地の悪さを感じただけでなく，その発言の問題性を理解したのであろう。元常務のジョーク自体には性暴力を容認するようなアイデアが含まれているために，女性に対する暴力性が顕著にあらわれている。SNS での拡散もありすばやい対応が行われた。だがジェンダーに関わる日常のジョークはその多くが見過ごされ，女性をからかいの対象とする構造を再生産して，その過程において「二級市民」としての女性を生み出し続ける。

4.2. 学校教育の中のセクシズムとミソジニー

　女性に対するからかいや女性をジョークにするネタは，ジェンダー間の序列を維持し，男性というカテゴリーに分類される人々の優位性を保つような機能を持っている。女性が字義的に「二級市民」だった時代のその序列関係は，現代においてもセクシズム（性差別）により維持され続けている。セクシズムは，ジェンダーに基づき男性というカテゴリーから除外される人々──それは歴史的には主には女性と印付けられる人たちだが，それに限らない──を抑圧する制度的で集団的で個人的な実践を通して，ジェンダー間の序列を維持する。このセクシズムから学校という制度も免れてはいない。なぜならば，学校の機能の一つである社会化こそ，そのセクシズムを伝える通路となっているからだ。

　社会化は特定の社会の成員になるために必要なその社会に特有の価値や規範を身につけることを意味するが，特にジェンダーの社会化と言えば，男と女というカテゴリーによって分けられた社会的な価値観や規範を身につけることをいう。「男」と「女」というカテゴリーによって分けられたジェンダーに関する社会的な価値観や規範は，それぞれのジェンダーに求められる役割に関する語りとして提示されることになる。たとえば先ほど挙げた「女の人生の責任は子どもを産むこと」などがあるだろう。「ジェンダー」をめぐる価値や規範が，特定の属性をもつ誰かに有利に働くように社会の中のさまざまな力や資源が振り分けられる。結果的にその属性を持たない人たちが抑圧されるのでなければ良いが，現実はそうではない。木村涼子は，「かくれたカリキュラム」を通して「ジェンダー」をめぐる価値や規範（たとえば「性役割分担意識」など）が伝

わり，女と男は同じ存在ではあり得ないという「セクシズム」を学校は伝えていると指摘した（木村 1999）。

　教育環境は決して中立性を保っているわけではないことが指摘されてきた（bell hooks 1994）。教室環境が中立性を保っていると思い込んでいる教育者は，男性中心主義やその他の抑圧の構造を手付かずのままにしているかもしれないのである。「特権ウォーク」に示されるアイデアと同じだ。同じ社会環境の中にいても，ある者には努力せずとも既に手に入れられるさまざまな優位性があるように，教室環境もある者にとっては自分として在るだけで有利な状況となる。また，他の者にとっては自分自身であることを否定したり，言いたいことを黙っていたり，他者が期待するように努力して振る舞ったりしなければならない，そういう状況となる。その意味で制度としての教室環境は，権力関係がその中でどうやって作用しているのか教育者が理解していなければ，ある者にとっては夜道を一人で歩くことと同じようなものなのかもしれない。「男と結婚し，子どもを産むことが人生の責任」と言われてパニックに陥った非異性愛の女子生徒が経験したように，自分が排除されたり，劣位に置かれたり，やる気を失わされたり，時には暴力的発言を受けたりするような環境かもしれないのだ。だからこそ，木村が指摘する通り，女子たちは，教室の中で沈黙を続けるのかもしれない。

　木村は授業観察を通じて，教室を「男の子の雄弁，女の子の沈黙」という言葉で表現した（木村 1999）。教室が一つの性に限定されていない場合，一見活発に議論が行われている教室に見えても，実は多くのやりとりが男子生徒同士，または，男子生徒と教師の間で行われていることが研究の蓄積によって明らかになっている。教師の指示とは無関係に行われる自発的な発言も，多くの場合，男子生徒によって行われていることも指摘されている。さらに，男子同士で発言内容によって「からかい」が生じたり，女子の発言に対しても男子生徒による「からかい」が行われたりすることも明らかになっている。その結果，「からかい」の対象となる女子は授業中目立たないように振る舞うようになる。

　ここで教育者は女子を優先的に指名しようとするかもしれない。しかし，教室内の権力作用に教育者が無関心な場合，このような女子を優先的に指名するような行為は，さらに女子を権力作用の対象にしかねないと木村は指摘する。

つまり「からかい」の対象になりやすくなるのだ。さらに,「からかい」は特有のあり方でからかわれたものに沈黙を強いる。江原由美子は「からかいの政治学」で,「集団内で『からかい』が提起されれば,それに反対する理由が特にない限り,『からかい』の共謀者となることが全員に要請される」というが,このルールは「からかわれる側」にも適用される(江原 2021)。したがって,対象とされた女子生徒も,からかいの特有のルールに則り黙って困ったような笑みを浮かべる。ジェンダーをめぐる行動の様式や価値や規範や意識の伝え手は,教師だけではなく子どもたち自身でもあるということを木村は指摘している(木村 1999)。ジェンダーをめぐるさまざまな価値や規範の内容を子どもたち自身が解釈し,「からかい」などのさまざまな手法を駆使して,その価値や規範の内容を具現化して,互いに対して性別に応じた対応を行う。生徒たち自身が「かくれたカリキュラム」の伝達の担い手として能動的な働きをしている。

　付け加えるならば「からかい」は,男性に分類される人々にさまざまな資源や力が偏在している社会において,その社会構造を維持し,それを覆そうとする者には制裁を加える機能を持つミソジニーの一つの様式である。ミソジニーは一般に「女性嫌悪」「女性蔑視」などと訳されるが,単に女を嫌悪することではない。男性中心的な社会構造を維持するためのイデオロギーだと言える。男性中心的な社会構造に対して,抵抗したり,そこから逸脱したり,あるいは,それに逆らったりする女に対しての制裁であり,「からかい」はその一つの手法だ。

　先述した「わきまえておられて」発言も,会議で発言する女が男性を中心に成り立っている構造に逆らっている女に対する制裁としての「からかい」であろう。「生娘をシャブ(薬物)漬け」発言は,女性を性的暴力の対象としていて最も質の悪いミソジニーの表現だ。教室の中でこのような質の悪いミソジニーが横行していれば大問題だが,それにしても男性中心主義的な構造を維持するようなさまざまなやりとりが大なり小なり生じているかもしれない。

　木村の観察に示された女子生徒への「からかい」も,上述の発言も,効果としては同じ効果を持つだろう。いずれもジェンダー間の序列関係の維持であり,ジェンダー秩序の維持である。他方,発言内容によっては男子生徒もからかわれるが,それは男性らしさから逸脱した男性に対する制裁でもある。国語の時

間に叙情的な詩を読んだ男子生徒に対して，他の男子生徒たちが笑い執拗な冷やかしを繰り返す事例を木村は紹介している（木村 1999）。男性らしさから逸脱した男性への制裁とみなすことができるだろう。セクシズムやミソジニーも同性愛嫌悪も制度に埋め込まれ，それらを伝える個々人の言動を通して既存のジェンダー・セクシュアリティの権力関係を維持する。

5. 「特権ウォーク」の教室版——性差別体験授業

川村学園女子大学教授内海﨑貴子は，「性差別体験授業」を 2001 年から実施し続けている。この「性差別体験授業」は，公民権運動の時代にアメリカのアイオワ州の小学校でエリオット（Elliot, J.）先生が行った「人種差別体験授業」に着想を得て，内海﨑が長年のジェンダー研究に基づき「性差別」を体験するものにアレンジしたものだ[2]。教職課程の授業や，自治体や教職員研修会などでも行われている。毎日新聞「15 歳のニュース」で紹介されたこの内海﨑の「性差別体験授業」を下記に紹介しよう（毎日新聞 2022 年 7 月 30 日）。

クラスは 10 歳の設定だ。授業の冒頭で，内海﨑は教室を 2 つのグループに分ける。一つのグループにはリボンを配り，もう一つのグループはリボンなしにする。リボンありは男子で，リボンなしは女子を示すが，そのことはクラスには明示しない。授業の中では，好きな色や好きな教科，将来の夢などのアンケートに答えて生徒たちが発表する。リボンありが好きな色を「赤」と答えると，先生は「青とか黒がいい」と変えさせる。リボンなしが「理科の先生になりたい」と回答すると，生意気になるだけだから幼稚園の先生にしなさいと命令する。そのようなやりとりを見て，生徒たちは，「内海﨑さんの顔色を伺い，考えに沿うような行動をし始めた」と記事にはある。たとえばリボンありで「英語の先生」と書いていた女子学生は，発表前に「弁護士」に変えている。記事によればこの学生は「10 歳だったら，先生が好ましいと思う方に変えるかなと思った」と述べている。

先生の様子を伺って子どもたちが意見を変えて先生の意に沿うようにしていくことについて，「学校には常にこのような同調圧力があるんです」と内海﨑は解説している。また，記事の中では，生徒たちに折り紙で小物を作らせてい

るが，その作った小物について「リボンありは 100 円，リボンなしは 50 円で校長先生が買い取ってくれるそうです。良かったですね」と内海﨑が伝えると，生徒たちは不満そうな顔で見つめる。すると「私も不平等だと思います。でも校長先生は偉いから諦めるしかない」と，先生は生徒たちに反論させない。

　教員研修では，この場面は一層興味深いものとなることが紹介されている記事もある（Konishi 2020 年 9 月 16 日）。リボンなしが手を上げて「なんでリボンのない子は安いんですか？不公平だと思います」というが，内海﨑は「決まりです」と生徒の意見を切り捨てる。研修の参加者は「みんなで校長先生のところに行ってお願いする」「みんな 1 個 75 円にする」などの意見を出し合うが，内海﨑が「いいの？リボンありはもらえるお金が減っちゃうよ」というと，「リボンあり」が手を挙げ「嫌です」と一言述べる。それを聞いて内海﨑も「そうだよね，校長先生は偉いから仕方ありません」と話し合いを終えるのである。

　内海﨑は，自ら演じた教師について毎日新聞の記者に対してこのように述べている。

　　内海﨑さんが授業で演じたのは，性別で個人の趣味や生き方を判断し，高圧的な態度で子どもたちの考えを無視する典型的な「嫌な教師」だ。この教師像は，小学校から高校までの授業を研究してきた内海﨑さんが，実際目にした姿を集めてつくられた。「こういう教師は，昔からいるし，残念ながら今もいます」と話す。（毎日新聞 2022 年 8 月 6 日）

　内海﨑のこの授業は，私たちに「特権ウォーク」を思い起こさせる上に，もう一つ重要なこと——教師の役割——を考えさせる。「特権ウォーク」と同様に，「性差別体験授業」は，教室内で自分が誰であるかによって——この場合は自分のジェンダーやセクシュアリティが何であるかによって——，努力もなしに有利な立場に立てることを示している。さらに教師の役割は，すでに誰かがそのジェンダーやセクシュアリティゆえに有利な立場に立てるというそういう環境を可能にして，助長して，促しているのだとも言える。教室環境の中で何を可能にしているのかを反省的に行為しなければ，教師は既存の権力関係を

維持する制度の一部を担うものとして，確かに，セクシズムや異性愛主義を再生産し続けることになる。それによって誰かを「二級市民」として生み出し続けることに無意識に参加している。

註
1）異性愛のセクシュアリティの場合，自分のセクシュアリティに忠実に生きたいと意識しなくてもいい。このこと自体が既に特権であることに留意しよう。
2）「人種差別体験授業」については，藤田 1995 を参照してほしい。

参考文献
朝日新聞，2021 年 2 月 3 日，「『女性がたくさん入っている会議は時間かかる』森喜朗氏」，https://digital.asahi.com/articles/ASP235VY8P23UTQP011.html（2022 年 8 月 21 日閲覧）.
朝日新聞，2022 年 4 月 19 日，「『若い女性に牛丼』巡り不適切発言　吉野家常務　早大での講座」，https://digital.asahi.com/articles/DA3S15270374.html（2022 年 8 月 21 日閲覧）.
江原由美子，2021，「からかいの政治学」『増補女性解放という思想』筑摩書房.
藤田武志，1995，「反差別の授業の構築に向けて「青い目茶色い目」の授業の社会学的考察をとおして」『教育方法学研究』21 巻，193-201 頁.
ヒューマン・ライツ・ウォッチ，2016，『「出る杭は打たれる」──日本の学校におけるLGBT 生徒へのいじめと排除』.
木村涼子，1999，『学校文化とジェンダー』勁草書房.
Konishi, N., 2020 年 9 月 16 日，「差別体験授業，日本でも行われていた。教室に流れる不穏な空気」『ハフィントン・ポスト』，https://www.huffingtonpost.jp/entry/story_jp_5f5ed55bc5b67602f607117c（2022 年 8 月 21 日閲覧）.
毎日新聞，2022 年 7 月 30 日，「15 歳のニュース　性差別　体験授業リポート／上　ギャップ育む過程見えた　違和感を封じる『同調圧力』」，https://mainichi.jp/maisho15/articles/20220730/dbg/048/040/009000c（2022 年 8 月 21 日閲覧）.
毎日新聞，2022 年 8 月 6 日，「15 歳のニュース　性差別　体験授業リポート／下　今も繰り返される学校の暗黙ルール」，https://mainichi.jp/maisho15/articles/20220806/dbg/048/040/003000c（2022 年 8 月 27 日閲覧）.
文部科学省，2018a，『中学校学習指導要領（平成 29 年告示）』東山書房.
文部科学省，2018b，『中学校学習指導要領解説　特別の教科　道徳編』教育出版.
NHK，2021 年 9 月 10 日，「性暴力を考える vol. 140 "男の子" の性被害」，https://www.nhk.or.jp/gendai/comment/0026/topic026.html（2022 年 8 月 21 日閲覧）.

虎岩朋加，2021，「非異性愛の女たちと家族との関係——シンガポールと日本の
　　ケースの比較——」『敬和学園大学紀要』第 30 号，87-99 頁.

bell hooks, 1994, *Teaching to Transgress: Education as the Practice of Freedom*,
　　New York: Routledge（＝2006，里見実・朴和美・堀田碧・吉原令子訳，『と
　　びこえよ，その囲いを——自由の実践としてのフェミニズム教育』新水社）.

Jenkins, B., 2016, *Moonlight*.

Padocc, R. C., Aug. 21, 2022, "Singapore to Repeal Ban on Sex Between Consent-
　　ing Men," *New York Times*, https://www.nytimes.com/2022/08/21/world/
　　asia/singapore-gay-sex-law.html（2022 年 8 月 21 日閲覧）.

Sassi, K., & Thomas, E. E., 2008, "Walking the Talk: Examining Privilege and
　　Race in a Ninth-Grade Classroom," *English Journal*, 97(6), pp. 25–31.

"second-class, adj.", OED Online, June 2022. Oxford University Press.

https://www-oed-com.gate.lib.buffalo.edu/view/Entry/174509?redirectedFrom=
　　second-class+citizen（2022 年 8 月 26 日閲覧）.

Weingberg, G.H., 1972, *Society and Healthy Homosexuality*, Martin's Press.

Yue, A., 2012, "Introduction," In A. Yue & J. Zubillaga-Pow（Eds.），*Queer Singa-
　　pore: Illiberal Citizenship and Mediated Cultures*（pp. 1-25），Hong Kong:
　　Hong Kong University Press.

第Ⅲ部

市民を育てる道徳の指導と授業

第7章

学習指導要領のもとでの市民性教育の実践
―モラルジレンマ授業とジャスト・コミュニティの視点から―

1. 市民性教育の現状

　市民性教育（citizenship education）とは，社会の一構成員すなわち市民（citizen）として必要な力を育成するための教育であり，公的なものへの関心やそこに参画する能力を育み，そのために必要な知識・技能・価値観を子どもたちに習得してもらうことを目的とした教育である。そこで重要とされるのは，子どもたちに対し，①自分も社会の一員であり，社会に積極的に参画して役割を担う存在であることを意識させたり，②社会を多面的・多角的に捉えて解決策を導き出すように考えさせたりすることで，③社会の一員として道徳的に正しいとされる形で主体的かつ能動的に問題に取り組む能力を身につけてもらうことである。

　日本においては，市民性教育は，研究指定校や各地の教育委員会において独自に実施されてきた。また，「総合的な学習の時間」や「特別活動」などでも，公共の精神に関わる育成が部分的に取り扱われることもあった。一方，教科としては，小学校では「社会科」，中学校では「公民的分野」，高等学校では「公民」の分野において，政治・経済・社会の仕組みや主権者としての政治参加の在り方を身につけるための学習は行われてきている。しかし従来のそれは，上述のような，主体的・能動的に社会に参画する力の育成をめざす市民性教育の観点から見た場合には，必ずしも十分なものではなかったとの指摘もなされて

いる[1]。

　このような状況で今，道徳の授業の活用が注目を集めている[2]。道徳の授業は，小学校は 2018 年度から，中学校では 2019 年度から「特別の教科 道徳」へと移行したが，2017 年告示の現在日本の「特別の教科 道徳」の学習指導要領は，「考え，議論する道徳」への授業の質的転換を図ったものである。これは，以下で述べていくように，市民性教育の考え方と方向性が共通しており，道徳の授業において市民性教育を実施していく可能性をより拓いていく方向につながるものであった。

　以上を念頭に，本章では，まず「特別の教科 道徳」の学習指導要領の内容を概観し，そのめざす方向性が市民性教育と合致していることを具体的に確認する。次いで，学習指導要領のもとでの市民性教育の実践として，ますます注目を集めているモラルジレンマ授業を，その発展形態といえるジャスト・コミュニティ・プログラムとあわせて解説する。最後に，そうした授業の理論的基礎にある「道徳性の発達段階」についてのコールバーグ（Kohlberg, L., 1927-1987）の理論を紹介する。これらの素材を通じて，市民性教育としての道徳教育を実践していく上で一つの基礎となりうる考え方をみていきたい。

2. 学習指導要領と市民性教育

　2017 年告示の現在日本の学習指導要領「第 3 章 特別の教科 道徳」は，道徳科の内容に関し，巻末資料「「道徳の内容」の学年段階・学校段階の一覧表」（以下，「一覧表」）に示す通り，「A 主として自分自身に関すること」，「B 主として人との関わりに関すること」，「C 主として集団や社会との関わりに関すること」，「D 主として生命や自然，崇高なものとの関わりに関すること」という大きな枠組みを明示した上で，各枠組みを構成するキーワードとして，「善悪の判断」，「自主・自律」，「自由と責任」，「遵法精神」，「公徳心」，「勤労」，「社会参画」，「公共の精神」などを明記している。

　学習指導要領と市民性教育との関わりについて具体的にみていくと，まず，「市民性」という用語自体は学習指導要領には出てこない。しかしながら，「一覧表」の A・B・C・D の区分のうち，自己と自己の所属する集団・社会との

関わりを取り上げるCの箇所は，市民性教育と特に関係性が深いといえる。社会ないし集団の一構成員としての在り方という，市民性教育とまさに同じ問題を扱っているからである。そして，その内容項目をみると，たとえば「社会参画の意識（中略）を高め」とか，「集団の中での自分の役割（中略）の自覚」とか，「（地域）社会の一員としての自覚」といった，第1節の冒頭でみた市民性教育を構成する要素のいくつかがほぼそのまま表れていることに気づくのである（「一覧表」の中学校の (12) (15) (16)）。また，学習資料要領は，道徳科全体を通じた目標として「第1章総則の第1の2の (2) に示す道徳教育の目標に基づき，よりよく生きるための基盤となる道徳性を養うため，道徳的諸価値についての理解を基に，自己を見つめ，物事を（中学校学習指導要領では，ここに「広い視野から」が入る）多面的・多角的に考え，自己の（中学校学習指導要領では，「人間としての」）生き方についての考えを深める学習を通して，道徳的な判断力，心情，実践意欲と態度を育てる」ということを掲げている。このような，物事を「多面的・多角的」に考えたり，「実践意欲」の育成をめざすことは，社会を多面的・多角的に捉えて解決策を考えたり，社会の一員として主体的・能動的に問題に取り組む能力の獲得などをめざす市民性教育と，その目標とすべき方向性が共通していることは明らかである。以上からすれば，学習指導要領の内容と市民性教育の内容は，重なり合いを有する部分があるといえる。

　以下では，このような内容を有する「特別の教科 道徳」の学習指導要領の実践として，アメリカの心理学者コールバーグの発案によるモラルジレンマ［価値葛藤］（moral dilemma）授業をみていくことにしたい。

3. 道徳教育の方法論としてのモラルジレンマ授業

3.1. 学習資料要領とモラルジレンマ授業

　小学校学習指導要領解説の第2章の第2節の2の (3) には，以下のような記載がある。すなわち，「物事を多面的・多角的に考える指導のためには，物事を一面的に捉えるのではなく，児童自らが道徳的価値の理解を基に考え，様々な視点から物事を理解し，主体的に学習に取り組むことができるようにすることが大切である」，「例えば，発達の段階に応じて二つの概念が互いに矛盾，

対立しているという二項対立の物事を取り扱うなど，物事を多面的・多角的に考えることができるよう指導上の工夫をすることも大切である」と。このような，子どもたちが主体的に考えて吟味するような授業や，二項対立的な状況を教材として用いる授業を考えるとき，モラルジレンマ授業を取り上げることができる。

　モラルジレンマ授業とは，モラルジレンマをもたらす資料，すなわち，二つの選択肢のうちどちらを選んだらよいのか判断に迷う道徳的な葛藤状況を子どもたちに提示して，全員で議論する形式の授業である。コールバーグの「道徳性の発達段階」の理論（第5節で詳述する）から生じたこの道徳教育の方法論は，1970年代以降に世界的に広がり，日本にも多くの授業例がある。

　以下では，コールバーグが実験の際に使用した「ハインツのジレンマ」[3]を紹介し，それにもとづいて説明を加える。

3.2. モラルジレンマ授業の実践

〈ハインツのジレンマ〉

> 　ヨーロッパで，一人の女性が非常に重い病気，それも特殊な癌にかかり，今にも死にそうでした。しかし，彼女の命が助かるかもしれないと医者が考えている薬が一つだけありました。それは，同じ町の薬屋が最近発見したある種の放射性物質でした。その薬は作るのに大変なお金がかかりました。しかし，薬屋は製造に要した費用の10倍の値段をつけていました。彼は単価200ドルの薬を2,000ドルで売っていたのです。病人の夫のハインツは，お金を借りるためにあらゆる知人を訪ねて回りましたが，全部で半額の1,000ドルしか集めることができませんでした。ハインツは薬屋に自分の妻が死にそうだと訳を話し，値段を安くしてくれるか，それとも，支払いの延期を認めてほしいと頼みました。しかし，薬屋は「だめだね。この薬は私が発見したんだ。私はこの薬で金儲けをするんだ。」と言うのでした。そのためハインツは絶望し，妻のために薬を盗もうとその薬屋に押し入りました。

さて，ここで考えてみてほしい。ハインツは薬を盗むべきだっただろうか？あなたはハインツのしたことに賛成か反対か？そして，そのように考える理由はどのようなものだろうか？

　じつは，ハインツが薬を盗みに入るべきだった（賛成）と答えても，盗みに入るべきではなかった（反対）と答えても，それ自体は道徳性の高低と関係ない。重要なのは，「賛成（反対）ならば，どのような理由・基準にしたがって道徳的判断を下して賛成（反対）したのか」という，答えた「理由づけ」である。たとえば，同じ賛成でも，「妻がいなくなると，掃除や洗濯といった家事をしてくれる人がいなくなって困るから」という理由で盗んだことに賛成する人もいれば，「人の命は何ものにも代えがたい。盗みをしてはいけないという規則を守ることよりも，命を守ることの方がもっと大切なことだから。妻が亡くなってしまうことを避けるには盗み以外には方法がないから」という理由で盗んだことに賛成する人もいる。この二つを比較した場合，常識的な観点から判断しても，多くの人が後者をより道徳性が高いと判断するだろう。

　モラルジレンマ授業で取り上げる資料としては，以下の①または②の少なくとも一つを備えているものが相応しい。①二つの価値が心理的葛藤ではなく，道徳的に葛藤しているもの。たとえば，ハインツのジレンマでいえば，命を救うために法を犯すか（生命尊重），規則を守るか（規則遵守）というものである。②一つの価値に関して二つの選択肢が葛藤しているもの。たとえば，友人に罰として与えられている辛い仕事を，見守るかそれとも手伝うか（「友情」という価値をめぐる葛藤）というものである。また，コールバーグによれば，道徳性の発達は道徳的判断の理由づけの変化によって説明されるため，どのような内容を取り扱うかは問題ではない。日本の実践では，学習指導要領に示されている道徳的価値にある内容項目（「一覧表」参照）を，ジレンマ討論を通じて学ぶスタイルになっている。

　具体的な授業の進め方としては，たとえば，モラルジレンマ授業の研究者である荒木紀幸らによるスタイルが挙げられる。ごく簡単にいえば，合計2時間の授業の枠組みで，1時間目は資料の提示と読解をする（「立ち止まり読み」）。その後，第1次判断理由づけをする。2時間目は内容確認後，モラルディスカッションを実施する（他者の理由づけの検討と自分の意見の練り合わせ）。そして，

表7-1　モラルジレンマ授業の組み立て

	指導展開過程	主な子どもたちの学習活動
第1次	モラルジレンマ資料の提示（ジレンマの共通理解）	価値判断を促すモラルジレンマ資料（教材）を提示。道徳的状況の理解。論点の明確化。
	第1次判断とその理由づけの提示	主人公がどうすべきか判断させ，判断理由を記入。
	価値判断とその理由づけを整理	子どもたちの価値判断と判断の理由づけの整理・分類。意見の相違の確認。
第2次	モラルジレンマ資料の確認と第1次判断での結果確認	ジレンマの確認。第1次判断での結果と理由づけの意見の相違の明確化。
	モラルディスカッションの実施	意見交流をし，対立点・論点に着目。討論結果を踏まえつつ自分の主体的な考え方を明確化。
	第2次判断とその理由づけを記入	主人公はどうすべきかを再度判断させ，自分が納得できる判断の理由づけを記入。オープンエンド形式で終了。

（田沼茂紀，2016: 161-162 を基に加筆・修正）

第2次判断理由づけをする。授業の最後は，正解を示さずに終わる（オープンエンド）形式を取る（表7-1）。この授業枠組みでは，特別編成の時間割でなければ2時間目は翌週に持ち越されることになるが，モラルジレンマ資料を用いることで，ズレが生じたままの完了していない課題に関する記憶は，完了した課題の記憶よりも残りやすく想起されやすいという「ツァイガルニック効果」（zeigarnik effect）が生じるため，子どもたちも資料内容について忘れないとされている。

　モラルジレンマ授業では，子ども一人ひとりの主体的な思考・判断を重視しており，正解がないジレンマについて議論するため，いわゆる「本音と建て前」を使い分ける必要がない。つまり，単に登場人物の心情を問うような感動資料にもとづいた授業で子どもたちの間でよくみられる，"教師が求めそうな模範解答"を答える必要がない。これは，道徳の授業そのものを空虚なものに

させないために，また「偽りのよい子」を演じさせることを避けるために，極めて有意義なことである。自由で主体的な議論が活発になされることで，子どもたちが道徳的価値をより深く理解することが期待できる[4]。

3.3. モラルジレンマ授業の限界

　上述のように，モラルジレンマ授業は大きな長所を持った方法であるが，反面，以下のような問題点が指摘されている。すなわち第一に，結論をあえて求めないオープンエンドでは，意見を自由に言わせるだけの無責任な授業になりかねない。未熟な意見がそのまま子どもたちの中に受け入れられてしまう危険性があるのである。第二に，学習指導要領に示されている道徳的価値の内容（「一覧表」参照）のうち，教える側が伝えたい道徳的価値を，モラルジレンマを介した授業だけでは，確実に伝えられるのか定かではないことである。第三に，「判断力」があったとしても，「実践力」があるということにはならない。つまり，教室内では一定の理解を示していても，一歩外に出れば真逆の行動を取っていることがありうるのである。

　これらの問題点については，さしあたって，次のような指摘が可能である。

　まず，正解を示さずに終わるオープンエンド方式に由来する問題点について，そもそも実際の社会では，二つの選択肢から一つを選ぶことで解決するような単純な出来事はほとんどない。そこで，市民性教育としての道徳教育においては，A案とB案だけではない，C案というような第三の道をめざすことが可能である。ハインツのジレンマの例でいえば，薬屋に盗みに入るか入らないか以外に，たとえば，ローンを組んでその利率を高くすることで，儲けたい意向の薬屋と今すぐに薬を手に入れたいハインツの両方の意向を汲むことができる。誰もが納得いくような解決案を提示することは非常に難しいが，妥協ともいえるいわゆる「落としどころ」での解決を模索させるのである。当然ながら，教師が効果的な発問を入れ，適切なファシリテーター役を担っていくことが不可欠である。

　次に，子どもたちに道徳的価値の伝達が確実にできるかに関する問題点についてであるが，道徳の授業は何もモラルジレンマ授業だけで行われるものではない。子どもの発達段階がまだ幼いうちは，感情や行動に訴えかけるものが主

軸になり，成長を経るにしたがって理性に訴えかけるものが中心となっていく。モラルジレンマ授業以外の道徳教育の方法も存在し，子どもたちの発達と伝えたい道徳的価値の内容とに応じて随時使い分けたり，補完し合えばよいと考えられる。

　最後に，「実践力」を培うという問題点については，晩年のコールバーグが，個人の道徳的発達を促すためには，集団の存在が極めて重要であり，学校そのものを「ジャスト・コミュニティ・プログラム［正義・公正にもとづく共同体］」（just community program）に基づいて再構築する必要性を提唱したことに着目すべきであろう。これは，モラルジレンマ授業をさらに発展させたものとして非常に重要な意味を有するため，節を改めて検討することとする。

4. ジャスト・コミュニティ・プログラム

4.1. ジャスト・コミュニティとは

　コールバーグは，晩年になってジャスト・コミュニティを提唱した。ジャスト・コミュニティは「正義の共同体」と訳される。実践としては，1974年マサチューセッツ州ケンブリッジ高校内のクラスター・スクール（Cluster School）[5]を嚆矢として，複数の学校で行われたものである。

　コールバーグは，モラルジレンマ・ディスカッションが子どもたちの道徳的判断を発達させることに寄与したものの，日常の道徳的行為の変容（行為変容）までには結びつかなかったことを課題としていた。そこで，子どもたちの行為変容へ結びつけることへの課題意識からジャスト・コミュニティ・プログラムに着手したという経緯がある。したがって，ジャスト・コミュニティの実践は，道徳教育のプログラムとしてモラルジレンマを利用した手法を改良したものである。モラルジレンマとジャスト・コミュニティの関係性としては，モラルジレンマは道徳的なディスカッションの題材であり，ジャスト・コミュニティは道徳的なディスカッションを行う場の全体を指しているといえる。

4.2. ジャスト・コミュニティの構成

　ジャスト・コミュニティでは，年齢の異なる子どもたちが一つの共同体を形

成し，そこでの規則を全員の話し合いによって決めていく。構成としては，基本的に①コミュニティ・ミーティングでの対話が民主的に行われるように，事前に議題について話し合いをし，準備をする少人数（10 ～ 15 名程度の代表者と教師またはアドバイザー 1 名）のグループ・ミーティング（advisory groups），②学校内での規則や学校生活で生じた諸問題について，その制定や問題解決に向けて，子どもたちも教師も全員が参加して道徳的な討議を重ね，最終的な投票（生徒も教師も対等に 1 票を投じる）によって意思決定を行う機関である，ジャスト・コミュニティの中でも最も中心的なコミュニティ・ミーティング（community meeting），③規則違反が起きた際，裁定とケアを行う組織である（コミュニティまたはグループの 5 名程度の代表者と 1 ～ 2 名程度の教師）公正委員会（fairness committee）あるいは規律委員会（discipline committee）と呼ばれるものから成り立っている。このうち，グループ・ミーティングとコミュニティ・ミーティングは「正義」を追求する道徳的対話の場であり，規律委員会はミーティングでの決定事項を管理するものという位置づけである。

4.3. ジャスト・コミュニティにおけるディスカッション

　道徳的なディスカッションをいかに行うかは，言うまでもなく，ジャスト・コミュニティ・プログラムの核となる部分である。

　ジャスト・コミュニティでは，それまでのモラルジレンマで取り扱われていた仮説的な葛藤場面を取り扱うような話ではなく，子どもたちの学校の現実生活（real life）で起こる問題や課題ついて討議し，意思決定する形となっている。子どもたちにとって身近な生活の中で生じる問題などについて議論するため，議題に上がった問題を子どもたちは自分の問題として認知することになる。また，子どもたちの間で利害の対立があっても，子どもたちは対話の中で他者と関係性を構築していきながら（コミュニティの形成），それぞれの意見や提案が妥当であるかどうかを吟味し，実際の場面で道徳的判断を基軸に置いた決断を経験するのである。

　ジャスト・コミュニティでは，子どもたちの自由な発言が保障される。すなわち，子どもたちそれぞれが思考し，集団の中で各々の意見は尊重され，他者から特定の意見に従うことを強いられることはない。意見の対立や相違を可能

なかぎり尊重しつつ，正義と公正の実現をめざしている。つまり，ジャスト・コミュニティでは一人ひとりに敬意が払われる対話が存在することが前提となっており，そこでの話し合いは，全員の相互理解の上で合意が成り立つことをめざす。結果的に望ましい人間関係も育まれ，他者から押し付けられる規範や規則とは異なり，民主的な方法で全員がそれらに従うことが求められるのである。話し合いの結果，そこで決められた規則は，子どもたちの生活を直接的に規定する。したがって，子どもたちは自分たちが納得いく形でまとめなくてはならず，最も優れた形式で判断しようと真剣になる。よりよい答えを導きだそうと努力する態度が培われ，集団の中で課題を克服する合意形成能力も育成されるのである。また，ここでの対話とは他者との対話だけではない。時にはこれまでの自身の価値観を問い直すことにもなり，自己との対話も自ずと迫られるのである。

　以下にジャスト・コミュニティにおけるディスカッションの実践例を示す（クラスター・スクールの3年目の終わりにコールバーグにより実際に行なわれたジャスト・コミュニティでのディスカッションの事例[6]を参考にして作成）。

　学校の課外授業が湖畔のキャンプ場で実施された。課外授業に先立ち，学校のコミュニティでは，キャンプ場の備品を傷つけないこと，湖で遊ばないことなどの規則を定めて臨み，課外授業そのものは成功した。しかし，翌月になって，キャンプ場のオーナーから，湖岸に結び付けていたはずの船が流出し失われたと学校に申し立てがあった。オーナーは学校に責任があると主張したため，コミュニティにおいて船の流出の責任が誰にあるのかについての議論が行われた。

　最初のコミュニティ・ミーティングでは，コミュニティ全員で責任を持つべきだという発言があった（"皆で課外授業に行ったのだから，何か起きた場合は皆に責任がある" "私たちは一つのコミュニティであるから1人に問題が起こったとしても，皆で失敗を補うべき" など）が，その真意は，"船を流出した人が弁償するとなると，（負担金額が増すため）誰も自分に責任があると名乗り出なくなる" という消極的な理由に基づくものであった。他方，"（確かにコミュニティのメンバーの何人かが船に乗って遊んでいたけれど）自

分はただ座って見ていただけだから，湖の中の騒動には無関係”というように，コミュニティとして弁償することには反対という意見も出た。直接船の流出に関わった生徒以外のメンバーも責任を負うことについて十分納得できる理由が示されなかったこともあり，結局，このミーティングでは解決案が提案されず，グループ・ミーティングで論じたのちに，再度コミュニティ・ミーティングで話し合うこととなった。

その後グループで討議しても，弁償の方法についてさまざまな意見が出されたものの，多くのメンバーの納得を得るまでには至らなかった。

ここで，教師（コミュニティ・ミーティングの一員である）から次のような重要な働きかけがなされた。

“今回数人の生徒が船で遊んだのは正しくなかった。それはなぜか。コミュニティで決めた規則を破っているからではないか”

教師は船が流出するに至る根本的な要因を生徒に考えさせようとこの発言を行った。これにより生徒は，キャンプ場の備品を大切に扱うこと，湖で遊ばないことなど，課外授業に行く前にコミュニティで決めた規則が破られたため，結果として船の流出に至っていることに気づいた。そして，ある生徒から，コミュニティの全員に責任があることを示す次の発言がなされた。

“他の生徒が規則を破っているのを，黙って傍観していた周りの者にも責任があるのでは”

これを受けて行われた最終投票では，コミュニティ全員で船の弁償をすることが決議された。なお，船で遊んでいた人間（12人が確認された）がより責任を有していることから，彼らが集金の責任を負うことも決まった。

4.4. ジャスト・コミュニティにおける教師と子ども

ジャスト・コミュニティにおいては，教師と子どもは対等であり，パートナー的関係性である。教師は子どもよりも道徳発達段階においては高次元のレベルにあっても，教師はコミュニティの中での一人の構成員であって，権威や権

力を用いることのない提唱者（advocator）として，包括的な提案を行うのみである。また，教師の提案はあくまでも集団の合意形成をもたらすためのものであって，子どもたちの意見と対等であり，コミュニティを構成する一つの提案にすぎないのである。実際，子どもたちは自律的に校則を決めたり，その規則を適用したりできるなど，意見表明権，投票権，規則の制定権と運用権を持っており，このことはジャスト・コミュニティの大きな特色といえる。教師が権力を持たないため，ジャスト・コミュニティの中で唯一，規律委員会のみが懲罰を与えることができる権力を持つが，規律委員会の構成員は無作為による選出方法で選ばれ，しかも子どもたちは交替で担当することになっている。このようなシステムを取ることで，本来は権力的になりうる組織から権力を排除し，「正義」と「公正」を保つよう民主主義的な組織になるように工夫しているのである。最初子どもたちは友人を裁くことを嫌って避けようとするが，コミュニティへの帰属意識の高まりと自分たちが決めた規則を遵守する責任を持つ道徳的態度が形成されるとともに教師に委ねることもしなくなる。このように，従来の学校における権力的構造を打破し，学校を道徳化の空間として再構成し，子どもたちの中に民主主義的な統治を実現する方法を作り上げたのがジャスト・コミュニティなのである。

4.5. ジャスト・コミュニティと市民性教育

　以上のように，ジャスト・コミュニティは，自分たちの身近な問題について，人間関係を高めたコミュニティの当事者間で対話を通して考え尽くし，よりよい解決を協同で探求していくという試みであり，それ自体一つの小さな理想的な民主主義社会というべきものである。したがって，子どもたちはその運用に参画することによって，将来市民としてなすべき行動の予行演習を具体的に行えることになり（その過程で他者との合意形成や他者を説得する方法・スキル等の実践的なトレーニングも行える），その意味で，ジャスト・コミュニティ・プログラムは市民性教育に大きく寄与できる可能性がある。

　またジャスト・コミュニティでは，先に述べた三つの組織においてコミュニティの規範を形成し，子どもたちのコミュニティへの所属の感覚を醸成する機能があることも重要である。組織での活動を通して，子どもたちは自分も学

校・コミュニティの一員であり，そこに積極的に参加して役割を担う存在であることを明確に意識できるようになる。そのことによって，最終的に子どもたちの行為変容，すなわち，現実の問題に主体的・能動的に取り組み，よりよい解決をめざしていこうとする態度が醸成されることが期待されるのである[7]。子どもたちが社会や政治などの動向に無関心ではいられなくなる。社会の課題を解決しようと努力したり，積極的に参加しようとしたり，民主主義社会の担い手として「能動的市民」を育成することが市民性教育の最終的な目標であるとするならば，子どもたちの態度を現実の問題に積極的に取り組む能動的なものに変えていくジャスト・コミュニティ・プログラムは，まさにその目標に近づく重要な一歩たりうるといえよう[8]。

4.6. ジャスト・コミュニティ・プログラムの限界

ジャスト・コミュニティ・プログラムの導入にあたっては，いくつかの問題点も指摘されている[9]。

そのうち，教育方法論の観点から本質的な問題は，この方法が，そのままの形で，すべての学校段階に適用できるものではないということである。コミュニティ・ミーティングのメンバーとして，喫緊の現実的な問題について，他のメンバーの意見を尊重しつつ，教師とも対等の立場でディスカッションしたり，規律委員会のメンバーとして，規則違反を犯した生徒に対する懲罰の内容を考えたりするには，生徒の側に相当の能力が要求されるであろうことは容易に想像できるが，コールバーグ自身もジャスト・コミュニティが効果的に機能するためには，ある程度の道徳的価値の内面化が達成されていることが必要であると指摘している。実際，コールバーグらによるジャスト・コミュニティの実践は，高校段階に集中していた。

このことは，市民性教育はジャスト・コミュニティだけでは完結しないこと，そこに至るまでの橋渡しとなるような他の道徳教育が，特に初等教育の学校段階において必要とされることを示している。市民性教育におけるモラルジレンマ授業の意義の一つは，まさにそのような役割を果たしうる点にあるのではないかと思われる。

ここまで，市民性を育成する道徳教育の実践としてのモラルジレンマ授業及

びその発展形ともいえるジャスト・コミュニティ・プログラムについて解説した。こうした授業をより適切に行うためには，その理論的基礎をなす「道徳性の発達段階」に関するコールバーグの理論を理解していることが有用である。そこで最後にコールバーグの理論を説明し，それと市民性教育の関係について若干の考察を行いたい。

5. コールバーグによる道徳性の発達段階と市民性教育

5.1. 3水準6段階説

　コールバーグは，モラルジレンマ（状況）に対する「理由づけ」（判断の仕方）の分析を通じて「道徳性の発達段階」（3水準6段階説）の理論化を行った。コールバーグによれば，3水準6段階（各水準は2段階ごとに分かれている）から構成される道徳性の発達段階があり，第1水準の「前慣習的水準」，第2水準の「慣習的水準」，第3水準の「脱慣習的水準・原理的水準」というように，水準が高まるにつれて道徳的発達段階が上がっていくことになる。

　以下では，この6段階について理解するために，上述した「ハインツのジレンマ」の事例に即して説明を行う。モラルジレンマ授業では，ハインツの行動に賛成でも反対でもそれ自体は発達段階には関わりがないが，6段階の理由づけの変化を理解しやすくするために，ここでは反対の立場を選択したとして例示してみる。

　第1段階の「他律的道徳性」の段階（罰と服従の志向の段階）にある子どもは，たとえば，「お父さんに叱られるから」，「薬を盗めば警察に捕まるから」止めておこうといった罰を避けようとするような段階である。つまり，道徳的基準は外的・他律的で，自己の行為の外的な結果が，人から罰せられるか否かで決められる。

　第2段階の「個人主義」の段階（道具主義的相対主義志向の段階）にある子どもは，たとえば，「刑務所から出所する前に妻は死ぬかもしれず，薬を盗んでも会えないかもしれないので，そうなっては意味がないから」といった，損得勘定由来の理由でハインツの行動に反対するような段階である。この段階では，自己の欲求や利益を充足するのに役立つような場合には道徳的に正しく，別の

場合では正しくないというような，相対主義的な判断を下すことになる。

　第3段階の「個人間の調和」の段階（よい子志向の段階）にある子どもは，自分（ハインツ）と妻以外の人間関係にも視野を広げ，たとえば，「盗みをすれば，周りから非難されるから」といった他者からの評価を気にしたものや，「薬屋にも安くできない事情もあっただろうから」などの理由でハインツの行動に反対するような段階である。この段階では，周囲から褒められることやよい子だと思われるような判断をし，他人とよい関係を築く方法で判断をする。

　第4段階の「社会システムと良心」の段階（法と秩序志向の段階）にある子どもは，さらに人間関係の視野範囲が広がり，たとえば，「もしハインツのような事情にある人が皆同様に盗みをしていたら，社会秩序が成り立たないから」といった特定の社会の維持や安定を考慮した理由でハインツの行動に反対するような段階である。この段階では，法律を順守する（義務を果たし，権威を尊重する）ことや社会秩序を維持することは絶対に正しいことだというような判断をする。

　第5段階の「社会的契約」の段階（社会契約的法律志向の段階）にある者は，たとえば，「法は個人の諸権利を守るため，社会の成員の合意に基づいて成立すべきものであり，そのもとで社会が成り立っている以上，私たちは法の恩恵だけではなく拘束もともに受け入れるべきだから」といった理由で反対し，個々人の自由意思のもとに結ばれた社会的契約として法律を捉えることができるようになるような段階である。つまり，この段階では，法律もまた人間のためにあるのであって，もしもその法律が不都合な場合には，皆の合議を経て修正することができると考えるようになるのである（具体例は第5章102頁のイ①参照）。

　そして，第6段階の「普遍的な倫理的原理」の段階（普遍的倫理的原理志向の段階）に到達した者は，たとえば，「生命の尊厳」に言及する場合でも，「人格価値の根源的な平等性」など特定の社会を超えて妥当する普遍的な倫理的原理に照らして，「どのような命も区別なく大切だ」というような結論を導く。この段階では，法律で定められているかどうかは問題ではない。社会的規制に合致するだけではなく，論理的普遍性と一貫性に照らして，自己選択した原則に合うかを判断していくなかで良心が動くのである。より普遍的な道徳的原理が

内面に打ち立てられ，その原理にしたがって判断するようになる段階である。

　コールバーグは，こうした道徳性の発達段階はその進み具合に個人差はあるものの，普遍的なものであるとして三つの特色を提示した。すなわち，①時代，文化，社会，宗教，国家の違いを超えて普遍的に当てはまる。つまり，時代や住む場所が異なっていたりしても，同様の発達段階を遂げることが認められるということである。②各発達段階は統合的である。つまり，第3段階にある子どもは，つねに第3段階の判断理由づけをすると考えられている。たとえば，「友情」の道徳的価値については第3段階で考えている一方で，「社会正義」の道徳的価値について考えるときは第4段階で考えるというようなことはしないということである。③発達段階の順序は変わらない。つまり，第1段階→第2段階→第3段階という順で発達するのであって，第3段階から第2段階へと逆行したり，第1段階から一気に第3段段階へと途中段階を飛ばしたりはしないということである。

　そして，コールバーグによれば，"道徳とは教えられない"ものである。すなわちコールバーグは，子どもたちに認知的な「刺激」を与えることによって，認知構造の変化を促し，それが道徳性の発達段階を上げることになると主張している。たとえば，3水準6段階説の第3段階にある子どもは，自分1人で考えるとその段階でしか理由づけができないが，1段階上の第4段階の友人から，他の選択と理由づけを説明されることによって，異なった角度から物事を捉えて理解が深まるようになり，道徳性の発達段階が第4段階へと引き上げられることになるというのである。このような道徳性の発達プロセスにおいて教師に要求されることは，道徳を単に「教える」というよりも，むしろ道徳を身につけるための適切な「刺激」を子どもたちに提供すること，あるいはそうした「刺激」を子どもたちが享受できる環境を整備することである。このような観点から，道徳の時間にモラルジレンマ資料について子どもたちに自由かつ主体的に議論させ，その中で1段階上の段階の理由づけに触れさせることが望まれる。教師には，モラルジレンマの授業を通じて，子どもにこのような道徳的葛藤状態に出会わせ，省察を促し，葛藤を乗り越えて道徳性を発達させるように導くことが期待される。

5.2. 3水準6段階説と市民性教育

　コールバーグの道徳性の3水準6段階説は，第1水準（第1段階・第2段階）
では，単に罰を恐れて規則を守り，自分を中心に物事を考える段階である。つ
まり，個人的な利益や損害，快・不快にもとづいて道徳的に正しい・正しくな
いという判断を下す水準である。第2水準（第3段階・第4段階）では，社会的
な規則や義務を認識する段階である。つまり，他者との関係を考慮し，社会的
な義務を果たすという視点から道徳的な判断を下す水準である。第3水準（第
5段階・第6段階）では，特定の社会に限定されない普遍的な道徳原理を求め，
社会の在り方や法律の是非を問い，よりよい社会を構想することができる段階
である。つまり，特定の社会や規範を超えた倫理的原理にもとづいて判断を下
す水準である。すなわち，第1段階から第6段階に行くにしたがって，「自分
（私的）」から「他者（公的）」，そして「普遍（原理）」へと，人間関係の円が広
まりを見せている。自分さえよければよい「自分勝手な段階」から，「身近な
他人であれば考えられる段階」へと発達し，さらには「普遍的原理を考えられ
る段階」へと向上していくことで，道徳性が発達していくのである。

　このコールバーグの「道徳性の発達段階」の第1段階から第6段階を鑑みる
と，市民性を培えているかどうかの目安としては，他者の存在を考慮できる第
3段階まで到達していることが必須である。なぜなら，自分中心の思考のみで
は，たとえば，地域のゴミ捨てルールを守ることなど，市民としての最低限の
マナーの実践もままならないからである。また，上述したようにコールバーグ
は，ジャスト・コミュニティが効果的に機能するためには，ある程度の道徳的
価値の内面化が達成されていることが必要だと主張している。この点，他者を
思いやることが全くできないようであれば，道徳的価値の内面化はできていな
いと言わざるをえないから，第3段階まで到達していることはジャスト・コミ
ュニティ・プログラムを有効に機能させるための最低限の条件といえる。この
意味で，第3段階は市民性を培っていくための最低到達ラインなのである。

　もっとも，適切な市民として行動するためには，さらに第4段階まで到達し
ていることが必要である。というのは，市民は，自らが所属する場所や集団
（学校，地域，国家など）に対し，積極的に参画して役割を担う存在であるから
である。そして，人が，自らの所属する場所や集団に積極的に参加しようと思

うのは，そこに愛着を感じ，自分が属している・関わりを持っているという実感を持てたときである。個人を超えた社会に目を向けることができる第4段階は，まさにそうしたことが可能となりうる段階であるといえよう。コールバーグ自身も，ジャスト・コミュニティの目的を「第4段階のコミットメントの確固とした獲得」と述べており[10]，そうした点からも，第4段階への到達を道徳教育としての市民性教育のひとまずの目標とすべきであろう。

6. 今後の市民性教育

複雑な社会問題の解決は一筋縄ではいかない。このことを子どもたちに理解させる上でも，また市民性教育のアプローチとしても，モラルジレンマ授業は有効であることを本章では提案した。上述したように，ジレンマ討論を通して合意と和解のみならず妥協ともいえる方策を探る，より現実的な道徳教育を実践する可能性がある。子どもたちが社会に出てさまざまな問題に直面した際に，短絡的に絶望したり，反抗に転じたり，思考停止状態に陥らないために，小さなコミュニティである学校（ジャスト・コミュニティへの改変が望ましい）にいる間に，子どもたちにとって考えやすい「生活」と結びついたさまざまなモラルジレンマ討論・道徳教育を通して市民性を養うことは重要である。このことは，学習指導要領がめざす道徳教育のあり方とも重なるものである[11]。

註
1）大友秀明・桐谷正信編，2016，『社会を創る市民の教育——協働によるシティズンシップ教育の実践』東信堂，pp. 191-210 を参照。
2）紅林伸幸，1994，「学校改革論としてのコールバーグ『ジャスト・コミュニティ』構想——アメリカ道徳教育史の社会学的省察の中で」『東京大学教育学部紀要』第 34 巻，pp. 95-115., 小林将太，2010，「L. コールバーグのジャスト・コミュニティにおける現実生活の意味——その自我発達および授業との関係に着目して」『教育方法学研究』第 35 巻，pp. 93-103., 徳永正直，2016，「道徳教育の新たな可能性——市民性教育（citizenship education）との関係を考える」『大阪樟蔭女子大学研究紀要』第 6 巻，pp. 45-53. などが挙げられる。
3）コールバーグ，L. 1987（1985），岩佐信道訳，『道徳性の発達と道徳教育

　　　　──コールバーグ理論の展開と実践』広池学園出版部，p. 181.

4）モラルジレンマ授業による道徳性の発達プロセスに関しては，コールバーグ
　　の理論に基づく説明がある。本章第5.1. 参照。

5）クラスター・スクールはオルタナティブ・スクールであり，ジャスト・コミ
　　ュニティ・プログラムは当初6人の教師と60人の生徒で実施され，米国史
　　と文学を通して民主主義やコミュニティなどの概念について学習するカリキ
　　ュラムがあった。また，この学校では教科において，民主主義・法・権利に
　　関する教材開発を教師が行っていた。

6）荒木寿友，2001，「L. コールバーグの道徳論と共同体──ジャスト・コミュ
　　ニティの分析を中心に」『京都大学大学院教育学研究科紀要』第47号，pp.
　　214-217.

7）学校の道徳的雰囲気（moral atmosphere）を変えることで個人の行為を変
　　えるということが，ジャスト・コミュニティの特質ともいえる。すなわち，
　　個々人の道徳性を発達させるだけではなく，個々のコミュニティ感覚を養い，
　　集団そのものの道徳性を高める方が，結果として子どもたちの規範意識を高
　　め，全体の道徳性を高めて道徳的行為も促していくことになるという理論で
　　ある。

8）注2の徳永（2016）pp. 50-51 においても，ジャスト・コミュニティとして
　　の道徳教育の実践が市民性教育に寄与できることが指摘されている。

9）ジャスト・コミュニティ方式の問題点については，加賀裕郎，1993，「モラ
　　ル・ディレンマからジャスト・コミュニティへ──コールバーグ理論の展
　　開」佐野安仁・吉田謙二編『コールバーグ理論の基底』，世界通信社，pp.
　　52-83 や注2の紅林（1994）p. 112 を参照。以下の記述はこれらの文献を参
　　考にしている。

10）小林将太，2015，「L. コールバーグのジャスト・コミュニティにおける授業
　　の役割の解明──ホルト社会科第二版『比較政治システム』をてがかりに」
　　『筑波教育学研究』第13号，p. 15 を参照。

11）なお，本章では，ジャスト・コミュニティ・プログラム等の実践を通して，
　　ひとまず道徳性の発達段階の第4段階を目標にすべきであると結論したが，
　　それ以上をめざすことも望まれる。難民問題や環境問題などの現在世界規模
　　で重要な問題を考えていくためには，見知らぬ国や未来に生きる人間にまで
　　視野を広げることもまた必要になりうるからである。この点については，オ
　　スラー，A., スターキー，H., 2005=2009 清田・関を参照されたい。内容を極
　　めて簡単にいうと，単なるシティズンシップ教育（市民性教育）だけではな
　　く，コスモポリタン・シティズンシップ教育［世界市民的な市民性教育］
　　（cosmopolitan citizenship）の必要性が論じられている。自国のみを優先し
　　て他国を軽視する国家主義に陥ることなく，自らが市民として属する場所や
　　集団の意識を世界にまで押し広げる必要性である。

参考文献

荒木寿友，2013，『学校における対話とコミュニティの形成──コールバーグの
　　ジャスト・コミュニティ実践』三省堂.

荒木紀幸，1988，『道徳授業はこうすればおもしろい──コールバーグ理論とそ
　　の実践』北大路書房.

オスラー，A., スターキー，H., 清田夏代・関芽訳，2009（2005），『シティズンシ
　　ップと教育──変容する世界と市民性』勁草書房.

コールバーグ，L, ヒギンズ，A., 1987（1985），岩佐信道訳，『道徳性の発達と道
　　徳教育──コールバーグ理論の展開と実践』広池学園出版部.

田沼茂紀，2016，『道徳科で育む 21 世紀型道徳力』北樹出版.

永野重史編，1985，『道徳性の発達と教育──コールバーグ理論の展開』新曜社.

第8章

幼児教育における市民性教育
―幼児教育と小学校教育の連続性を視野に入れて―

大岡　紀理子

1. 幼児教育から始まる市民性教育

　本章では，幼児教育における市民性教育について考えてみたい。幼児教育においては，小学校以降のような科目や単元があるわけではなく，生活そのものが教育であることから，生活と教育を線引きすることが難しいところもある。そのため，ここでは小学校低学年の道徳教育との関係性に注目する。また，幼児教育といっても幼稚園，保育所，認定こども園などの幼児施設があり，それぞれの管轄が異なる。本章では，小学校以降と同じ文部科学省管轄の幼稚園を前提として論じていきたい。幼稚園には，小学校以降の学習指導要領にあたる幼稚園教育要領というものがある。その幼稚園教育要領第1章総則の第1では，幼稚園教育において幼稚園生活の全体を通して，幼児の「生きる力」の基礎を育むことが求められている。そこで示されている基本を踏まえ，小学校以降の子どもの発達を見据えながら，幼児教育における市民性教育，小学校との連続性について考えていきたい。

2. 幼稚園教育要領と小学校学習指導要領

　幼稚園教育要領では，5領域といわれる大きな五つ柱を基に幼稚園教育のあり方が示されている。心身の健康に関する領域「健康」，人とのかかわりに関

する領域「人間関係」，身近な環境とのかかわりに関する領域「環境」，言葉の獲得に関する領域「言葉」，及び感性と表現に関する領域「表現」として示されている。各領域に示されているねらいや内容は，幼稚園生活全体を通じて，幼児が多くの経験を積み重ね，様々な環境にかかわる中で，それぞれに関連をもちながら次第に達成に向かうものとされている。また，幼稚園教育要領では幼稚園生活において「生きる力」の基礎を育むため，上述した幼稚園の基礎を踏まえつつ，資質・能力を一体的に育むように努めることとされている。

　幼児教育において育みたい資質・能力としては以下の3点が示されている。一つ目は「知識及び技能の基礎」であり，具体的には，豊かな体験を通じて，幼児が自ら感じたり，気付いたり，分かったり，できるようになったりすること，二つ目は「思考力，判断力，表現力等の基礎」であり，具体的には，気付いたことやできるようになったことなどを使い，考えたり，試したり，工夫したり，表現したりすること，三つ目は「学びに向かう力，人間性等」であり，具体的には，心情，意欲，態度が育つ中で，よりよい生活を営もうとすること，である。

　幼稚園教育は小学校教育と相違があり，それが「要領」にも反映され，問題を生じさせている。幼稚園教育要領では，小学校学習指導要領と異なり，「〜を味わう」，「〜を感じる」といった目標が設定されており，発達段階に配慮したものとなっている。その背景としては，子どもの年齢が同じ4歳児でも，月齢によりその発達は大きく異なっているため，学年ごとに到達すべき目標を一律に設定するのではなく，幼児の発達や学びの個人差に留意していかなくてはならないからである。また，小学校学習指導要領においては，子どもの育つべき具体的な姿が示されているのに対し，幼児期については幼稚園教育要領からは具体的な姿が見えにくいと指摘されてきた。さらに，幼稚園での教育は，遊びや生活全体を通して総合的に指導することが基本となるのに対して，小学校の教育は，教科等の学習指導を行う教育が基本である。そこには生活リズムの違いや環境の面での違いもあり，教育内容や教育方法などで教育課程上の幼児教育と小学校教育の連続性の難しさもある。

　2017年告示の幼稚園教育要領では「幼児教育のあり方」が明確化され，具体的な指針として「幼児期の終わりまでに育ってほしい姿」（以下「10の姿」）が

示された。これらの「10 の姿」は，幼稚園教育要領の第 2 章に示されたねらい及び内容に基づいて作成されたものである。特に 5 歳児後半に見られるものであるが，各園の子どもにとってふさわしい生活や遊びを積み重ねることによって，育みたい資質・能力の具体的な姿として示されている。また，「10 の姿」は 5 領域のねらいと内容のなかから，社会を生きるために必要な力の基礎を意識的に育てていこうという趣旨で，特に強調すべきものが選び出されている[1]。つまり，5 領域の中での教育活動の結果，到達するべき姿と捉えるのではなく幼児期の終わりに見られる姿として，幼児教育から小学校教育への円滑な接続を目的として具体的な 10 項目が示されたのである。後述するが小学校学習指導要領でも子どもの発達の連続性を踏まえ，幼児教育と小学校教育で共通して子どもの資質・能力を育成していこうとする姿勢が見て取れる。つまり，連続性を踏まえる際の指針として，この「10 の姿」が示されているのである。本章では幼児教育と市民性教育を考える際にも，また幼児教育と小学校との連続性を検討する場合にも，この具体的な「10 の姿」を通して考察していきたい。

3. 「幼児期の終わりまでに育ってほしい姿」と市民性教育

本章のテーマでもある幼児教育と市民性教育を考える際，幼稚園教育要領の 5 領域のひとつである「人間関係」を市民性教育として検討する考え方もある。しかし，幼児期の発達の段階を踏まえれば，幼児期の教育において上述したように学年ごとに一律に到達すべき目標を設定することは適切ではない。幼児の生活において，一人ひとりの発達や学びの差に留意しつつ，幼児期の終わりまでに育ってほしい幼児の姿を具体的にイメージして，日々の教育を行っていく必要がある。そのため，豊かな教育活動が展開されるようにと 2017 年告示の幼稚園教育要領で，(1) 健康な心と体，(2) 自立心，(3) 協同性，(4) 道徳性・規範意識の芽生え，(5) 社会生活との関わり，(6) 思考力の芽生え，(7) 自然との関わり・生命尊重，(8) 数量・図形，文字等への関心・感覚，(9) 言葉による伝え合い，(10) 豊かな感性と表現，という「10 の姿」が示されたのである。本節では，この「10 の姿」から見えてくる市民性教育について具体例を交え，考えてみたい。

(1) 健康な心と体

　幼稚園生活の中で，充実感をもって自分のやりたいことに向かって心と
体を十分に働かせ，見通しをもって行動し，自ら健康で安全な生活をつ
くり出すようになる。

　「健康な心と体」の項目は，幼稚園教育要領の領域のうち「健康」に特に関
係している。「健康な心と体」は，他者との信頼関係の下で，自分のやりたい
ことに向かって取り組む中で育まれていくものである。

　たとえば，「この場所は小さい組の子どもが通るから，電車ごっこをしてい
てぶつかってケガをするといけないから，違う場所を駅にしよう」など自分た
ちの行動と他者との行動を予想し遊ぶ場所を選び，他者に迷惑がかからないよ
うにと考える。また，病気にならないように手洗いやうがいを丁寧にし，教師
の声掛けにも真剣に耳を傾け，自分を守ることで周りの人の健康にも配慮もで
きるようになる。さらに，交通安全や避難訓練を行う中で，災害などの緊急時
の適切な行動を体験し，状況に応じて適切で安全な方法で行動をとることも可
能になる。教師は子ども達が健康で安全に生活するために必要なことを，子ど
も達と一緒に考えたり，できることを認めたりすることで，子ども達自身が生
活をつくりだしている実感をもてるようにすることが重要である。こうした幼
児期の経験は，日常生活において，安全に気を付けて交通ルールやマナーを守
ることにもつながる。

　子ども達は，幼稚園生活において，充実感をもって自分のやりたいことに向
かって，繰り返し挑戦し心と体を働かせるようになる。そして，その体験をも
とに遊びや生活を自発的に行い，自ら健康で安全な生活をつくり出す姿が見ら
れ，他者の思いも理解しながら行動していくことが可能となっていくのである。

(2) 自立心

　身近な環境に主体的に関わり様々な活動を楽しむ中で，しなければなら
ないことを自覚し，自分の力で行うために考えたり，工夫したりしなが
ら，諦めずにやり遂げることで達成感を味わい，自信をもって行動する

ようになる。

　「自立心」は，領域「人間関係」に特に関係している。幼稚園生活において，教師との信頼関係を基盤に自己を発揮し，友達や身近な環境に主体的に関わりながら，様々な活動に挑戦する中で育まれていくものである。時には失敗することもあるが，教師や友達の力を借りたり，アドバイスを受けたり，励まされたりしながら，自分で考え工夫し，諦めずにやり遂げる。こうした体験を通して子ども自身が充実感を得て，自信をもって活動することができるようになる。

　幼稚園生活において，生き物当番や庭の掃除当番，おやつ当番やお弁当当番，挨拶当番など，さまざまな当番活動がある。当番の日は，自主的に自分の遊びの片付けを早めに済ませたり，当番の準備をするために早めに登園したりして活動を行う。これらの活動を通して，子ども達が自分で行わなければならないことを自覚し，ルールや他の子どもが気持ちよく園生活を過ごすことができるための行動を考え実行する。遊びにおいても，はじめはうまくできなかった物事，たとえば竹馬乗りやけん玉遊びなど，諦めずに繰り返し挑戦するようになる。その過程では，友達が上手にやっている様子を見て真似たり，友達がコツを教えてくれたり，自分で考え工夫して繰り返し取り組むことがある。また，教師や友達からの応援や，頑張りを認められることを支えにして，出来るまで続けることにより，意欲や達成感や自信を得ていく。子どもはそこで得た自信を基に，更に自分で課題を設定し，もっと難しいことに挑戦していく。教師は，一人一人の子どもの良さを友達に伝えたり，学級全体の中で認め合える機会をつくったりするなどの工夫をすることが重要になる。すなわち，他者を認めることと，自分自身に自信を持つことの両方を伝えることが大切である。

　幼児期に育まれた自立心は，今後の生活において，自分で出来ることを積極的に取り組む姿につながる。学習での課題や日常生活で起きた問題を自分のこととして受け止め，そのことに対して意欲的に取り組み，自分自身で考えて意見を言ったり，分からないことや難しいことは，教師や友達に聞きながら粘り強く取り組んだりするなど，日々の生活が楽しく充実することにもつながっていくのである。

(3) 協同性

友達と関わる中で，互いの思いや考えなどを共有し，共通の目的の実現
に向けて，考えたり，工夫したり，協力したりし，充実感をもってやり
遂げるようになる。

「協同性」は，領域「人間関係」に特に関係しており，教師との信頼関係を
基盤に他の幼児との関わりを深めることで形成されていく。子ども同士で思い
を伝え合い，様々な出来事から，嬉しい，悔しい，楽しい，悲しいなどの体験
を通して友達とのかかわりを構築していく。そして互いに認め合いながら，目
的の実現に向けて協力し，一緒に活動を展開する楽しさや共通の目的を実現す
る喜びを味わう中で育まれていくのである。

たとえば，祖父母を幼稚園に招きたいという意見から，どのような会ができ
るのかを子ども同士で相談する。今まで経験したお誕生日会などからどのよう
なことができるのか，どうしたら喜ばれるのか，楽しんで過ごしていただくた
めに何を用意したらいいか，お知らせの方法や役割分担など，必要なことを教
師や友達と話し合い，互いの得意なことを生かすなどの工夫をする。そして，
会をやり遂げて，自分たちが考えて準備した事や物が喜ばれたという体験を通
して充実感や祖父母に対して改めて感謝の気持ちを持つことができる。協同性
が育まれるためには，他の幼児と一緒に活動する中で，各々の子どもの持ち味
が発揮され，子ども同士の良さを認め合い，共に活動することが大切である。

幼児期に育まれた協同性は，集団生活の中で様々な意見を交わし，時には我
慢をしながら，新しい考えを生み出しながら工夫を繰り返して，目的に向かっ
て自分の力を発揮する。友達と協力していく中で達成感も育っていくのである。

(4) 道徳性・規範意識の芽生え

友達と様々な体験を重ねる中で，してよいことや悪いことが分かり，自
分の行動を振り返ったり，友達の気持ちに共感したりし，相手の立場に
立って行動するようになる。また，きまりを守る必要性が分かり，自分
の気持ちを調整し，友達と折り合いを付けながら，きまりをつくった

り，守ったりするようになる。

「道徳性・規範意識の芽生え」は，領域「人間関係」に特に関係している。子ども達は，様々な経験からきまりを守る必要性が分かるようになり，友達と一緒に気持ちよく生活するために，友達の思いを理解し，共感し，思いやりをもって接するようになる。また，より遊びを楽しくしたりするために，自分の感情や意志を表現しながらも，友達に歩み寄ることができるようになっていく。つまり，互いに理解し合う体験を重ねる中で人間関係が深まり，考えながら行動する姿が見られるようになる。

たとえば，リレーをしていた時，負けた子どもが勝った子どもを叩いたことから，ゲームが中断し喧嘩になることがある。この様子を見ていた他の子ども達が，「負けているのが悔しかったんだと思うよ」「でも，叩かれたら痛いよね」「こっちのチームは早い子どもが少ないと思うんだけど」「今度はチームを変えてみたら？」「後ろ向きで走るっていうのはどう？」などの会話が生まれる。このように，子ども自身，友達の立場に立って叩いた子どもや叩かれた子どもの気持ちを代弁したり，よりゲームを楽しく変化させることができるよう提案をしたりする。他の子ども達が共感してくれたり，新たな提案から叩いてしまった子どもも自分の気持ちを整理し，相手に謝ったり，気持ちを切り替えることができるようになる。こうした経験の積み重ねにより，みんなが一緒に楽しめるようにルールを作り替えたり，考えたりしていくことができるのである。

こうした幼児期の経験は，他者の立場に立って気持ちを考え共感し，自分の気持ちや行動を自律的に調整し，してよいことや悪いことがあることを考え，日常生活を楽しく過ごしていくことができるようにする姿へとつながっていく。

(5) 社会生活との関わり

家族を大切にしようとする気持ちをもつとともに，地域の身近な人と触れ合う中で，人との様々な関わり方に気付き，相手の気持ちを考えて関わり，自分が役に立つ喜びを感じ，地域に親しみをもつようになる。また，幼稚園内外の様々な環境に関わる中で，遊びや生活に必要な情報を

取り入れ，情報に基づき判断したり，情報を伝え合ったり，活用したりするなど，情報を役立てながら活動するようになるとともに，公共の施設を大切に利用するなどして，社会とのつながりなどを意識するようになる。

「社会生活との関わり」は，領域「人間関係」に特に関係している。教師との信頼関係を基に，友達やその保護者など様々な人と関わり，親しみをもって過ごし，さらには地域の人々にも関心を広げていくようになる。園生活の中で地域の店に買い物に出かけた際，「大きくなったね」「前に来た時より，しっかりお話ができるようになったね」「お店にお買い物に来られるくらい，お姉さんになったのね」「また来てね」などと地域の人と会話を交わすことで，子ども自身が地域の人に見守られている安心感や役に立つ喜び，地域の一員として地域に対する親しみをもつことにつながる。また，祭りの情報や神輿の実物を見せてもらったり，祭りに参加したりすることで，地域の多くの人が祭りを支えていることを実感し，その人々と接することで，社会との繋がりを意識するようにもなっていく。さらに，好奇心や探究心が一層高まる時期であり，絵本や新聞，図鑑などの情報を，適宜取り入れた環境を整えることで，四季折々の伝統行事や様々な文化や人と関わることを楽しんだり，関心のあることについての情報を積極的に取り入れたりするようになる。こうしたことで，子ども達が住む地域の人や物への親しみに広がっていくのである。

(6) 思考力の芽生え

身近な事象に積極的に関わる中で，物の性質や仕組みなどを感じ取ったり，気付いたりし，考えたり，予想したり，工夫したりするなど，多様な関わりを楽しむようになる。また，友達の様々な考えに触れる中で，自分と異なる考えがあることに気付き，自ら判断したり，考え直したりするなど，新しい考えを生み出す喜びを味わいながら，自分の考えをよりよいものにするようになる。

「思考力の芽生え」は，領域「環境」が特に関係している。子ども達は，身

近に起きている事柄にかかわることで，物の性質や仕組みを理解していく。また，友達と会話を交わすことで自分とは異なる様々な考えがあることに気づく。そして，友達と意見を交換することで，よりよいアイディアや新しい考えを生み出す喜びを経験する姿が見られるようになる。

　たとえば，大型三輪車に乗りたいが，毎日乗っている男の子がいて，なかなか乗れないと教師に訴えてくる子どもがいる。その際，教師は解決策を提案するのではなく，どうしたらいいのかを子ども達に問いかける。その問いに子ども達は「順番にする」「早く来た人から並んで待つ」「お庭を一周したら交代する」「30数えたら交代する」などの自分の思いを口々に言ってくる。実際，園庭を1周したら交代することに決まっても，いざ実施してみて物足りなかった子ども達から「1周ではなくて3周で交代にするのはどうかな？」と，みんなが納得する形でより良いルールがないかを考え，途中でもルールを変更していく。さらには，スタート・ゴール地点をわかりやすく整えたり，運動会で使用した点数表を思い出した子どもが，何周したかわかるように，数字をめくることができる周回表を作ったり，レストランでウェイティングリストに名前を書いて待つ経験をしたことがある子どもは，それを真似してリストを作り，三輪車に乗りたい人が名前を書けるように，脇に鉛筆をぶらさげておくといった様々な発想も出てくるようになる。

　こうした経験は子どもが他の子ども達の考えや意見を受け入れ，多面的に物事を捉えられるようになり，新しい出来事に対しても興味や関心をもって主体的に関わることにつながっていく。

---

(7) 自然との関わり・生命尊重
　自然に触れて感動する体験を通して，自然の変化などを感じ取り，好奇心や探究心をもって考え言葉などで表現しながら，身近な事象への関心が高まるとともに，自然への愛情や畏敬の念をもつようになる。また，身近な動植物に心を動かされる中で，生命の不思議さや尊さに気付き，身近な動植物への接し方を考え，命あるものとしていたわり，大切にする気持ちをもって関わるようになる。

「自然との関わり・生命尊重」は，領域「環境」が特に関係している。幼稚園生活では，子ども達が身近な自然と触れ合う機会が多くある。その中で，自然の美しさや不思議さに気付き，動植物に対する親しみや命の大切さを学ぶ。さらに経験を重ねていくことで，自然の事柄などに好奇心をもってかかわり，発見したことや考えたことを表現しながら，さらに関心を深めて自然に触れていくようになる。

　たとえば，登園途中の道端に咲いていた綺麗な花を見つけた子どもが，その後，園庭にも同じ花が咲いていることに気が付き，その花のことについて友達や年長児に聞いて回っている。「私も同じお花をみたことがある」「違う色のお花もあったと思う」「お日様が当たるところで元気に咲いているのを見た」など，一人のつぶやきから他の子ども達にも興味が広がっていく。また，子どもが持ってきた種を園庭で育てて，野菜を栽培し，収穫する経験をすることがある。種を育てて収穫に至るまでの工程には，様々な事柄を知らなければならない。水のあげ方や日光の必要性，肥料や剪定方法など，育てて収穫をするのには大変な苦労や工夫が必要なことなどを調べて学んでいく。そして，収穫した少量の野菜を全ての園児に御馳走することもある。その場合，小さく切って分け合うことも考えなくてはならない。このような経験から食べ物への感謝と大切に食べることを学んでいく。食物にも命があり，その命を頂いていることに気づき，それと同時に食べ物を残すことは，避けなければならないことなど，様々な体験を通して自然と学んでいくのである。ときには，保育室で飼育していたダンゴムシが亡くなってしまうこともある。そして，発見した子どもがそのダンゴムシを大事に掌にのせて，涙を流しながら教師に報告にくる。その様子を見た他の子ども達が「ダンゴムシは暗いところが好きだから，暗いところに戻してあげよう」「お墓を作って，お花を飾ってあげよう」「お墓は，皆が間違って踏んでしまうといけないから，裏庭の静かなところに作った方がいいと思う」「埋めてあげた場所が他の子にもわかるように看板を作ってあげた方がいいと思う」など，小さな虫にも命があることを痛感し，失った命の大きさや大切さを感じ，生命の不思議さとともにその尊さにも気づくような場面もある。

　このように，子ども達の興味や関心を通して動植物と関われるような環境を作ることは重要である。幼いころの豊かな経験は，自然の事物や現象について

興味をもち，命あるものに対して畏敬の念を持ち，全ての命がかけがえのない存在であるという強い思いと感謝につながっていくのである。

> (8) 数量や図形，標識や文字などへの関心・感覚
>
> 　遊びや生活の中で，数量や図形，標識や文字などに親しむ体験を重ねたり，標識や文字の役割に気付いたりし，自らの必要感に基づきこれらを活用し，興味や関心，感覚をもつようになる。

　「数量や図形，標識や文字などへの関心・感覚」は，領域「環境」「言葉」が関係している。子ども達は，毎日の遊びや生活の中で，身近にある数字や文字に興味をもち，数えることを楽しむようになる。少し数を覚えて数えられることが嬉しくなった子どもが，間違いにも気づかず堂々と得意気に大きな声で「1，2，3，4，5，8，10，13 ～ !!」と数えている姿は，まさに数に興味をもち，楽しんで数と親しむ経験を重ねている状況である。そうした経験の積み重ねが，遊びや生活の中で数に対する必要性を感じ，「多い」・「少ない」，「長い」や「広い」などと比べる感覚を磨いていくことにもつながる。また，遊びや生活の中で関係の深い標識や文字などにも関心をもち，その役割に気づいて使っていくことで興味関心が深まっていく。

　たとえば，砂場のカップの数が足りないとき，園庭やままごと広場，保育室などで大捜索をみんなで行い，見つかると安堵の表情で元の場所に戻す。その後，保育室に戻り，年少組の子どももカップの数が分かるように，カップ置き場に標識を示したり絵を描いたりし，カップを元の場所に戻してもらうアイディアなどを出し合って決めていく。みんなが使うものを大切に使用することや他の人が気持ちよく遊べるような工夫を考えていくようになる。また，人形をぶら下げた柵がドアの前に置いてあったら「今日はホールに入ってはいけません」や「入ってはいけない部屋です」ということを知らせる看板の意味を理解し，ルールを守ることができるようになる。文字や様々な標識が，生活や遊びの中で人と人をつなぐコミュニケーションの役割を持つことに気付き，これらを活用し，文字や記号を読んだり，書いたり，使ったりしながら，数や文字に興味や関心を持つようになる。

(9) 言葉による伝え合い

> 先生や友達と心を通わせる中で，絵本や物語などに親しみながら，豊か
> な言葉や表現を身に付け，経験したことや考えたことなどを言葉で伝え
> たり，相手の話を注意して聞いたりし，言葉による伝え合いを楽しむよ
> うになる。

「言葉による伝え合い」は，領域「言葉」などで示されている。子どもは身近な人と心を通わせる中で，自分が経験したことや考えたことなどを言葉で表現し，相手の話に興味をもって聞くことなどを通して伝え合う力を育んでいく。伝える相手や状況に応じて，言葉の使い方や表現を変え，相手に分かるように工夫しながら伝えたり，言葉のやり取りの楽しさを感じ，相手の話を理解したり，共感したりできるようになっていく。また，絵本や物語に親しむことで，様々な言葉や豊かな表現も身に付けていく。

たとえば，同じクラスの子どもが人形を叩いているのを注意する時は，「叩くのはよくないよ」「どうして叩くの？」と相手との会話の中から理由を理解しようとしたり，解決しようとしたりする。一方，人形を叩いているのが年下の子どもだった場合，「お人形さん叩かれたら痛いよ」「いい子，いい子ってしてあげた方がお人形さんも喜ぶよ」と，相手が理解できる話し方や言葉を選び，相手に伝わるように表現を変えていく。

さらに，絵本や物語の世界に入り込むことで，豊かな言葉や表現に触れられるようになり，子ども達の語彙の広がりや表現の豊かさにもつながっていく。たとえば，読み聞かせの絵本の中で「シトシト雨が降って…」と雨の描写を表現した絵本を読んだ後に，教師が，外の雨の様子を見て「今日は，ザーザー降りの雨ね」と言うと，子どもが「先生，今日はザンザカ降りだよ」と自分なりの表現で雨を言い表すことがある。子ども自身，雨の降り方の表現方法も多様にあることに気づき，自分で感じた雨降りの表現を伝えることも楽しむ。教師の言葉使いや豊かな表現力が子ども達のモデルとなることもある。そのため，教師の言葉使いはもちろん，様々な表現や言葉に出会う機会を作るなどの配慮をすることが必要である。こうした機会を増やしていくことで，他の子どもの

考えや思いを受け止め，認め合いながら一緒に言葉を用いての活動を楽しむことができるようになる。

（10）豊かな感性と表現
心を動かす出来事などに触れ感性を働かせる中で，様々な素材の特徴や表現の仕方などに気付き，感じたことや考えたことを自分で表現したり，友達同士で表現する過程を楽しんだりし，表現する喜びを味わい，意欲をもつようになる。

「豊かな感性と表現」は，領域「表現」などで示されているように，子ども達は幼稚園生活の様々な場面で美しいものや心を動かす出来事に触れて思いを巡らせ成長していくことに関係している。イメージを豊かに膨らませ，感じたものを言葉や表情，動きや音などを通して素直に表現していく経験を積み重ね，その楽しさを味わう中で豊かな感性や表現は育まれていくのである。

たとえば，ごっこ遊びの際には様々な役が設定されるが，その役に応じた話し方や動き，しぐさを工夫し，身近な材料を使って衣装や道具を作り上げ，考えたことや感じたことを友達と共有する楽しみを体験していく。また，園庭にあるいちょうの木から，葉が落ちる様子を音で表してみたり，踊りで表現してみたりする。いちょうの葉が園庭いっぱいに敷き詰められた状態を見て「黄色い絨毯の上で遊びましょう」と，自分の感情を表現することを楽しみ，この環境の中で友達と工夫し，新しい考えや表現方法を生み出していく。

こうした活動は，音楽や造形，踊りや身体的表現の基礎となるだけではなく，自分の感情や考えを表現する最適の方法を選択し，自分の考えに対して自信をもって表現していくことにもつながる。また，友達同士で互いに表現し合うことで，様々な表現の面白さに気付いたり，創造的な活動を繰り返したり，友達と一緒に工夫して表現する過程を楽しんだりして，活動に対して意欲を持つようになる。共通の目的に向けて，友達と一緒にそれまでの経験を生かしながら考えを出し合い，新しい考えや表現に気づき，子ども達は自発的に生活していくことができるようになる。

以上「10の姿」を見てきた。これまで，幼児教育と市民性教育とは関係が

薄いように考えていた人もいたかもしれない。しかし，上述した「10の姿」はどれも市民としての基礎的部分とも言える「姿」があったと思われる。たとえば「(1) 健康な心と体」や「(8) 数量や図形，標識や文字などへの関心・感覚」が市民性教育とどのような関係があるのか不思議に思った人もいるかもしれない。しかし，これらの項目が公衆衛生の視点や安全な生活を送るための礎となること，標識や文字の意味を理解してルールを守ることやコミュニケーションの役割を持つことに気づく，といった，市民としての教育の土台が存在していることを理解してもらえたと思う。

　また，子どもは動くことが可能になり，ハイハイやよちよち歩きができるようになった頃から，少し歩みを進めてみては不意に親のいる方に振り向いたり，初めて出会ったことに対して「どうすればいいのかな」と言わんばかりに振り返ったりする。その際に親や祖父母，教師など周囲の人たちからの見守る視線が必ずあり，ときにはどうすればいいのかを教えてくれる。そういう経験を通して子どもの中に育っていく人間的な感情や感性を，ロバート・エムディ（Robert N. Emde, 1932-2018）はソーシャル・レファレンシングとしている（エムディ 2018）。子どもが振り返るのは困った時だけではなく，緊張している時，面白いものを発見した時や楽しい音楽が聞こえてきた時，音楽に合わせて一緒に踊ってほしい時，何かに成功した時などにも振り返っている。

　つまりは，親や教師はこうした子どもからのメッセージをしっかりと受け止めることが重要なのである。そうした積み重ねから子どもは見守ってもらえている安心感により，自分に自信を持って次の活動へと進んでいくことができるようになる。大人が笑いかけてくれるから子どもが笑うのか，子どもが笑うから大人が笑うのか，どちらとも考えられるシチュエーションだが，これには，子どもが笑える心理的安心感が根底に形成されているからである。つまりは，笑顔に溢れた環境で育つことで，笑うことや，微笑むことが自然とできるようになってくる。また，大人への信頼感も形成されてくるものと考えられる。皆から愛されている安心感を持って生活することで，他の子どもへの関心が生まれ，遊びを通して共感や思いやり、信頼や感謝といったプラスの連鎖が生じるのである。

　これらの事柄は「10の姿」のすべてに通じるものであると考える。乳児期・

幼児期からの様々な経験の積み重ねは，市民として市民のあるべき姿やどのような行動が市民としてふさわしいのかを，自ら考えて行動していくことに繋がっていく。

4.「幼児期の終わりまでに育ってほしい姿」（10の姿）と小学校低学年の「道徳教育」との関係

「10の姿」は，市民としての教育の基礎が書かれている。幼児教育において育まれてきた市民性を，それ以降どのような形で連続性を持たせるかは課題である。そこで，小学校との連携について本節では考えていきたい。この「10の姿」は「小学校教育との円滑な接続」が企図されている。それと同時に小学校教育においても幼稚園との接続に重きをおいて小学校学習指導要領が作成されており，『小学校学習指導要領』「第1章　総則」「第2　教育課程の編成」「4　学校段階等間の接続」には，幼稚園段階との接続について以下のような記載がある。

　幼児期の終わりまでに育ってほしい姿を踏まえた指導を工夫することにより，幼稚園教育要領等に基づく幼児期の教育を通して育まれた資質・能力を踏まえて教育活動を実施し，児童が主体的に自己を発揮しながら学びに向かうことが可能となるようにすること。

　また，低学年における教育全体において，例えば生活科において育成する自立し生活を豊かにしていくための資質・能力が，他教科等の学習においても生かされるようにするなど，教科等間の関連を積極的に図り，幼児期の教育及び中学年以降の教育との円滑な接続が図られるよう工夫すること。特に，小学校入学当初においては，幼児期において自発的な活動としての遊びを通して育まれてきたことが，各教科等における学習に円滑に接続されるよう，生活科を中心に，合科的・関連的な指導や弾力的な時間割の設定など，指導の工夫や指導計画の作成を行うこと。

（文部科学省 2017a: 21）

このように，小学校段階において「10の姿」を踏まえた指導を工夫し，幼児期に育まれた資質・能力を鑑み，主体的に自己を発揮しながら学んでいくことが期待されている。この他の箇所にも幼稚園段階における遊びを通して育まれてきた生活が，各教科等の学習においても円滑に接続する配慮の必要性が言及されている。すなわち，「小学校入学当初においては，生活科を中心とした」や「幼児期において自発的な活動としての遊びを通して育まれてきたことが，各教科等における学習に円滑に接続されるよう」といった表現があり，低学年においては「幼児期の終わりまでに育ってほしい姿」との関連を考慮するよう記述がなされている。つまり，小学校の教師が「10の姿」を手掛かりに子どもの姿を幼稚園の教師と共有し，教師同士で話し合い工夫し合うことが大切であるとされているのである。

　第7章で論じたように，小学校低学年における「道徳科」で扱う内容は大きく四つの視点（A主として自分自身に関すること，B主として人との関わりに関すること，C主として集団や社会との関わりに関すること，D主として生命や自然，崇高なものとの関わりに関すること）から構成されている。以下では，小学校低学年の道徳教育の徳目と「10の姿」を比較し，どのような連携が図られているのかを明らかにしたい（表8-1参照）。

　表8-1で示したように，「10の姿」と小学校低学年の道徳教育で描かれている徳目には関係性が深い点が多くあることがわかる。徳目の項目のみでは「10の姿」との関係性が読み取りづらいものでも，指導の観点も含めて検討してみると「10の姿」との関係性が見えてくる。幼児教育は，上述したように単元や教科に基づく教育ではなく，生活の中での教育である。そのため，今までは幼稚園の生活や教育が小学校の教師から見えづらい部分もあったかもしれない。しかし，表8-1に示したように小学校でも幼稚園でも教育的観点として道徳性の育成に力を入れていることがわかる。また，小学校3年生以上の道徳の徳目でも連続性を意識しているものとなっている。道徳性の育成はどの発達段階においても重要なものであり，人間形成の根本である。その育成は乳幼児期からの連続性が大変重要になってくる。そのため，幼児教育と小学校教育との密接な繋がりを意識し，それぞれの教育のあり方を知ることで，幼小連携がより充実したものになり，市民性教育の根本を形作るものになると考える。

表8-1　「道徳の内容」の学年段階・学校段階の一覧表（小学校第1学年及び第2学年）と「10の姿」

小学校第1学年及び第2学年（19）		「10の姿」
A　主として自分自身に関すること		
善悪の判断，自律，自由と責任	(1) よいことと悪いこととの区別をし，よいと思うことを進んで行うこと。	(1) 健康な心と体 (2) 自立心 (3) 協同性 (4) 道徳性・規範意識の芽生え (5) 社会生活とのかかわり (6) 思考力の芽生え (7) 自然との関わり・生命尊重
正直，誠実	(2) うそをついたりごまかしをしたりしないで，素直に伸び伸びと生活すること。	(1) 健康な心と体 (4) 道徳性・規範意識の芽生え (6) 思考力の芽生え
節度，節制	(3) 健康や安全に気を付け，物や金銭を大切にし，身の回りを整え，わがままをしないで，規則正しい生活をすること。	(1) 健康な心と体 (2) 自立心 (3) 協同性 (4) 道徳性・規範意識の芽生え (5) 社会生活とのかかわり (6) 思考力の芽生え (7) 自然との関わり・生命尊重 (8) 数量・図形・文字等への関心・感覚
個性の伸長	(4) 自分の特徴に気付くこと。	(1) 健康な心と体 (2) 自立心 (6) 思考力の芽生え
希望と勇気，努力と強い意志	(5) 自分のやるべき勉強や仕事をしっかりと行うこと。	(1) 健康な心と体 (2) 自立心 (3) 協同性 (6) 思考力の芽生え
B　主として人との関わりに関すること		
親切，思いやり	(6) 身近にいる人に温かい心で接し，親切にすること。	(3) 協同性 (4) 道徳性・規範意識の芽生え (5) 社会生活とのかかわり (6) 思考力の芽生え (9) 言葉による伝え合い (10) 豊かな感性と表現
感謝	(7) 家族など日頃世話になっている人々に感謝すること。	(3) 協同性 (4) 道徳性・規範意識の芽生え (5) 社会生活とのかかわり (6) 思考力の芽生え (9) 言葉による伝え合い (10) 豊かな感性と表現

礼儀	(8) 気持ちのよい挨拶，言葉遣い，動作などに心掛けて，明るく接すること。	(3) 協同性 (4) 道徳性・規範意識の芽生え (5) 社会生活とのかかわり (6) 思考力の芽生え (9) 言葉による伝え合い (10) 豊かな感性と表現
友情，信頼	(9) 友達と仲よくし，助け合うこと。	(3) 協同性 (4) 道徳性・規範意識の芽生え (5) 社会生活とのかかわり (6) 思考力の芽生え (9) 言葉による伝え合い (10) 豊かな感性と表現
C　主として集団や社会との関わりに関すること		
規則の尊重	(10) 約束やきまりを守り，みんなが使う物を大切にすること。	(2) 自立心 (3) 協同性 (4) 道徳性・規範意識の芽生え (5) 社会生活とのかかわり (6) 思考力の芽生え
公正，公平，社会正義	(11) 自分の好き嫌いにとらわれないで接すること。	(2) 自立心 (4) 道徳性・規範意識の芽生え (5) 社会生活とのかかわり (6) 思考力の芽生え
勤労，公共の精神	(12) 働くことのよさを知り，みんなのために働くこと。	(3) 協同性 (4) 道徳性・規範意識の芽生え (5) 社会生活とのかかわり (6) 思考力の芽生え (7) 自然との関わり・生命尊重
家族愛，家庭生活の充実	(13) 父母，祖父母を敬愛し，進んで家の手伝いなどをして，家族の役に立つこと。	(2) 自立性 (3) 協同性 (5) 社会生活とのかかわり (6) 思考力の芽生え
よりよい学校生活，集団生活の充実	(14) 先生を敬愛し，学校の人々に親しんで，学級や学校の生活を楽しくすること。	(3) 協同性 (4) 道徳性・規範意識の芽生え (5) 社会生活とのかかわり (6) 思考力の芽生え
伝統と文化の尊重，国や郷土を愛する態度	(15) 我が国や郷土の文化と生活に親しみ，愛着をもつこと。	(5) 社会生活とのかかわり (6) 思考力の芽生え (10) 豊かな感性と表現
国際理解，国際親善	(16) 他国の人々や文化に親しむこと。	(5) 社会生活とのかかわり (6) 思考力の芽生え
D　主として生命や自然，崇高なものとの関わりに関すること		
生命の尊さ	(17) 生きることのすばらしさを知り，生命を大切にすること。	(6) 思考力の芽生え (7) 自然との関わり・生命尊重

自然愛護	（18）身近な自然に親しみ，動植物に優しい心で接すること。	（6）思考力の芽生え （7）自然との関わり・生命尊重
感動，畏敬の念	（19）美しいものに触れ，すがすがしい心をもつこと。	（7）自然との関わり・生命尊重 （10）豊かな感性と表現

5. 市民性教育の基礎となる幼児教育

　上述してきたように，幼児教育と小学校教育との連続性は市民性教育を考える上で重要である。すなわち，幼児期の教育や経験は市民性教育の基盤となり，その後の人格形成や市民性にもつながるからである。幼稚園教育要領の中では，小学校との接続に関する記述において 2008 年には記載がなかったが，2017 年告示の幼稚園教育要領には新たな文言が加わっている。たとえば，「学校教育の始まり」や「豊かな人生を切り拓き」，「持続可能な社会の創り手」，「小学校以降の教育」，「生涯にわたる学習とのつながり」などである。これらの文言が意味することは，幼児教育において小学校との接続だけを意識しているのではなく，それ以降の市民としての育成を意識した視点が含まれていることが読み取れる。

　乳児はまだ言葉が分からないからといって，危ないことやしてはいけないことを伝えない，教えない大人がいる。しかし，危険な事柄や行動をした時には，「それはだめ」「危ない」「痛くて，嫌な気持ちになる」「悲しい」などと叱ったり気持ちを伝え，良いことをした時には褒めたり一緒に喜んだりして，身近にいる大人が毅然とした態度で「良いこと・悪いこと」を丁寧に話して示していくことが必要である。言葉がはっきりと理解できなくても，してよいことや悪いことは伝えていき，嬉しいことや悲しいこともしっかりと共感しあっていくことが，市民性教育の始まりだと考える。

　小さな子どもでもきまりを守るだけではなく，ルールに気づき，話し合い，解決する力を持っていることを示してくれているのが，フランスの公立ジャック・プレヴェール幼稚園で実施された映画『ちいさな哲学者たち』[2)]である。その幼稚園では，たとえば，子ども達が「愛」や「死」，「自由について」など様々な哲学的なテーマについて真剣に語り合っている。自分の考えを述べたり，

意見の異なる子どもの話にも真剣に耳を傾けたりしている。その様子は，大人顔負けの討論会で，次第に子ども達自身が考える力を身につけていき，親にも影響を与えていく活動になっていくのである。この映画は，「10の姿」とも関係するところが多くある。たとえば，「(6) 思考力の芽生え」や「(9) 言葉による伝え合い」の具体例でもあったように，様々な人と関わり，物事を多面的に捉え，興味や関心をもって主体的に関わることが出来るようになるといった点である。『ちいさな哲学者たち』の子ども達のように，自分の思いを表現し，相手の話を理解し，お互いの考えを認め合えることが，より良い市民となる足がかりになるだろう。

　ところで，ドイツの哲学者ヘーゲル（Hegel. G. W. F. 1770-1831）は，「道徳」の本質はまず，お互いに認めあう「相互承認」の精神だとしている。自分の価値観や道徳観を強制したり絶対化したりすることなく，他者がどのような価値観や道徳観を持っていても，それが人を傷つけるものではない限り，それらの考えを認め，常に相互理解へと進めていくことが重要なのである。相互理解は，生活経験を通して，子ども達が自ら育んでいくものである。たとえば，子ども達の遊びの中でおもちゃや三輪車，おままごとの道具やお人形さんを「貸～し～て～」や「仲間にい～れ～て～」と申し出ても「だ～め～よ～」と断られる場面が多くある。しかし，断った子どももその時は，自分の思いを通すことができたとしても，その報いが自分に返ってくることがある。嫌な気持ちや悲しい思いなどの経験を繰り返していくことで，みんなが気持ちよく生活するためには，お互いを認めて調整しあわなければならないことを子ども自身が学んでいく。そのため，子ども達のもめごとや物の取り合いに関して，大人や教師が仲裁しすぎてしまうと，子どもがお互いに認め合う機会や子どもが自ら学び育む機会を失うことになってしまうのである。親が子どもを愛おしいと思う気持ちは当然であり，この愛情が子どもを育む基盤であるが，過保護にならないよう，子どもの育つ力を信じて，待つことが重要である。もめごとや物の取り合いは幼稚園の中で起きた小さな出来事ではなく，子ども達が他者と共に生きることや問題が起きたときの解決方法を学び，より良い考えや価値観，道徳観，規範等に出会い，人間関係を学んでいく大切な経験の場なのである。

　園庭のいちょうの木に銀杏が実り，園庭に銀杏が落ちているだけでもかなり

な臭いがする。その銀杏を子ども達は手がかぶれないように箸で拾い，秋空の冷たい水で何度も洗い，干して，袋詰めして輪ゴムで留める。さらに，喜んで銀杏を手にしてもらえるように工夫を凝らしてかわいい絵を付けたりする。園児がこうした活動を自主的に行えるように，愛情ある教師の適切な導きも重要である。それにより，銀杏を人に差し上げたり，ぎんなん献金として他国の子どもの支援をしたりする活動にもつながる。銀杏拾いは臭いため人はしたがらないが，そうした労働を子ども達が行い，他者のために時間を使い，他者が喜んでくれることに嬉しさを感じるというような，具体的な経験の積み重ねが小学校以降の教育や生活，つまりは市民としての第一歩につながると考えられる。全てのものに畏敬の念をもち，尊重し合い，感謝し，社会に貢献していくことにより，市民として自分自身で考え，行動を起こしていける力を身につけることが重要なのである。

註
1）汐見稔幸・無藤隆，2018，『〈平成 30 年施行〉保育所保育指針　幼稚園教育要領　幼保連携認定こども園教育・保育要領解説とポイント』，ミネルヴァ書房，56 頁。
2）ジャン＝ピエール・ポッツィ，ピエール・バルジエ監督，ジャック・プレヴェール幼稚園の園児たち，先生たち出演，2012，『ちいさな哲学者たち』，アミューズソフトエンタテインメント。

参考文献
文部科学省，2001，『幼稚園における道徳性の芽生えを培うための事例集』ひかりのくに.
文部科学省，2018a，『小学校学習指導要領（平成 29 年告示）』東洋館出版社.
文部科学省，2018b，『幼稚園教育要領解説　平成 30 年 3 月』フレーベル館.
G. W. F. ヘーゲル，熊野純彦訳，2018，『精神現象学（上・下）』ちくま学芸文庫.
ロバート・エムディ著，中久喜雅文訳，2018，『精神分析と乳幼児精神保健のフロンティア』金剛出版.

第9章

初等教育における市民を育てる道徳授業

神林　哲平

1．初等教育で市民を育てるために

　初等教育における市民性教育は，これまで主に高学年の社会科で「公民的資質」をキーワードに検討と実践が積み重ねられてきた（坂井 2021）。その他にも，道徳，特別活動，総合的な学習の時間などによる，もしくはそれらを統合した「学校全体的アプローチ」が見られるという（水山 2010）。

　それでは，それらのアプローチとは異なる，新設された「特別の教科 道徳（以下，道徳科とする）」において市民を育てるためには，どのような手立てを試みればよいだろうか。本章では，「平等」「公平」といったキーワードを軸に，初等教育の入り口である低学年の子どもたちを対象とした市民を育てる道徳科の授業を提案したい。

1.1. 低学年の子どもたちを対象とする理由

　なぜ社会科の実践におけるような高学年ではなく，低学年を対象とするのか。それは，市民を育てるためにはコミュニティ（共同体）が必要であり，子どもたちは小学校入学後に学級集団というコミュニティを初めて経験し，その中で学習・生活を含めた低学年期を過ごすためである。もちろん幼児教育においてもコミュニティの中で過ごした経験をもつ子は多いだろうし，その基盤があるからこそ初等教育での経験も充実すると思われるが，義務教育段階においては初めてのコミュニティとなる（幼児教育から小学校低学年への接続については第8

章参照）。

　低学年の子どもたちは学校，とりわけ学級というコミュニティの中で，社会に必要な様々なことを日々学んでいく。授業を通して学ぶこともあれば，生活の中で学ぶこともあるだろう。いわゆるヒドゥン・カリキュラム（教育課程にない隠れたカリキュラム）からも学ぶにちがいない。そして，何ごともうまくいくわけではなく，失敗や問題から学ぶことも多い。むしろ，「失敗は成功の元」よろしく，そうした経験にこそ学ぶ価値があるのではないだろうか。

　意義のある学びにするためには，失敗や問題をできるかぎり解決していくことが望まれる。その際には，「自分たちのことは自分たちで解決する」と伝えていくことが大切である（もちろん教師は放任するのではなく，長い目で温かく見守る姿勢が求められる）。低学年のうちに「自分たちで粘り強く話し合って解決できてよかった」という達成感を味わう経験の積み重ねが，自治（＝「自」分たちで「治」める）のできる市民への第一歩につながるためだ。低学年のうちに教師に頼りきって問題を解決してきた集団に，高学年になって急に自分たちで解決する方向性を示しても，うまくいかない事例を数多く目にしてきた。そういう意味でも，自治のできる市民を育てるためには，初等教育の入り口である低学年から学びを積み重ねた方が望ましいのである。

1.2.「平等」「公平」をキーワードとする理由

　なぜ「平等」「公平」といったキーワードを軸とした道徳科の授業が，市民を育てるのか。それは端的に言えば，大人だけでなく子どもにとっても身近な話題であり，なおかつ実現されれば理想的でありながらも，完全な解決は難しい問題だからである。

　学級集団というコミュニティの中では日々様々な問題が生じるが，そこでよく耳にするのが「ずるい」という言葉だ。「あの子は僕（私）より給食が多くてずるい」という量的な問題もあれば，「鬼ごっこでタッチしたのに逃げてずるい」というルールを巡る公平性のような質的な問題もある。大人であれば，例えば累進課税制度に不満を抱くという場合が考えられる。国としては所得の多寡に応じて課税をするという点で公平性を確保しているのだろうが，理屈としては分かっていても感情的に納得できないのが，この問題の難しいところで

ある。学校でもまた，そうした不平等感や不公平感が出ないようにするための工夫をしている。授業内容や宿題，配布物など，基本的にはみんなに平等になるように考えているはずだ。

　しかしながら，現実的に完全な平等，公平を実現するのは不可能である。学校というコミュニティにおいては，例えば前述の給食の問題であれば，いくら同じ量を盛りつけたつもりでも，厳密に言えば少しの誤差はどうしても生じるし，具材の中身までは同じにできないだろう。宿題についても，「個別最適な学び」が打ち出されたことによって学びの形態は今後大きく変わっていくことが予想されるが，子どもたちにとっては「なんであの子だけ宿題が少ないのか」といった疑問が生じると思われ，理屈としての説明はできても感情的な納得は難しいのではないだろうか。教育基本法では「教育の機会均等」がうたわれているが，機会均等という表現にとどめているのは理由があるように思われる。つまり，機会を均等に設けるところまではできたとしても，その先の平等性までは保証できないということだ。例えば，何か余ったものをじゃんけんで勝った子にあげるという場面を想定すれば，じゃんけんで勝つともらえるという機会は均等であるが，勝った子がもらえるという点については厳密に言えば平等であるとは言えない。

　こうした感情的，原理的な難しさが平等，公平の問題にはひそんでいる。だからこそ，完全に双方が納得のいく解決の仕方ではなく，ある程度歩み寄ったり妥協したりしながら解決することが求められる。そして，それは一義的な答えではなく，その都度その都度，自分たちのコミュニティの中で導き出していかなければならない。それゆえに，自治のできる市民を育てていくための基盤として重要なキーワードになると判断した。

2.　授業づくりに関して

　前節で述べたように，市民性を養っていく上では，その基盤となる平等，公平といったキーワードを軸に学ぶ必要がある。では，その道徳科の授業はどのように展開されるべきなのだろうか。ここでは，低学年期における子どもたちの姿を踏まえ，近年の道徳の教科化に関する議論と関連づけながら，平等，公

平をテーマとした道徳科の授業づくりのポイントを考察していきたい。

2.1. ポイント①　着目する道徳的価値「公正，公平，社会正義」

　初等教育における市民を育てる上で本章が着目するのは，平等，公平といったキーワードである。学習指導要領における道徳的価値のなかでは，「公正，公平，社会正義」が該当する。この道徳的価値は，「民主主義社会の基本である社会正義の実現に努め，公正，公平に振る舞うことに関する内容項目」（文部科学省 2018a: 52）とされている。社会正義は民主主義社会の基本であるという位置づけは，市民性を養うために妥当な道徳的価値であろう。

　「公正，公平，社会正義」の内容項目では，発達段階によって以下の記述がなされている（文部科学省 2018b: 168）。

〔第1学年及び第2学年〕
　　自分の好き嫌いにとらわれないで接すること。
〔第3学年及び第4学年〕
　　誰に対しても分け隔てをせず，公正，公平な態度で接すること。
〔第5学年及び第6学年〕
　　誰に対しても差別をすることや偏見をもつことなく，公正，公平な態度で接し，正義の実現に努めること。

　低学年では出発点として，まず自分の好き嫌いと公正，公平は別のものであり，物事の判断をするときは後者が望ましいということを学ばせたい。この発達段階においては，公平性よりも自分の好き嫌いが上回ってしまう場面が多く見られるためである。低学年期にこうした道徳的価値について考える経験を重ねることが，中学年での「誰に対しても分け隔てをせず」といった態度につながっていく。

　手立てとしては，学習指導要領解説では，低学年で「日常の指導において，公正，公平な態度に根差した具体的な言動を取り上げて，そのよさを考えさせるようにすることが大切である」（文部科学省 2018a: 53）と示されている。日常的な場面から問題について検討していくことは，後述するように子どもたちに

とって必要感をもちやすい。本章の授業づくりでも，日常的な問題から導入を試みている。

2.2. ポイント② 「学習＝生活」の発達段階と問題，必要感

　初等教育においては教科が制度上は設置されているが，とりわけ低学年期の子どもたちの実態は必ずしもそうとは言えない。学習が生活であり，生活が学習であるというように，いわば未分化の状態である。幼児教育では，「健康」「人間関係」「環境」「言葉」「表現」の5領域が示されているが，これらは個別領域的ではなく包括的に捉えていくことが肝要とされる。そうした延長上に，未分化の低学年期は位置づけられるだろう。

　このような未分化な低学年期においては，普段の生活から生じた問題が，学習に直結することも多い。そして，抽象的ではなく具体的な思考をする発達段階ということも相まって，個別具体的な問題から出発する方が学習に実感がもてるという様子が見られる。道徳教育が教育活動全体を通してなされることを鑑みると，むしろこうした発達段階は歓迎すべきことではないだろうか。教師によって与えられた課題（task）ではなく，子どもたちにとって解決する必要のある問題（problem）は，後述する「考え，議論する道徳」に結びつくだろう。

　したがって，道徳科の授業づくりにあたっても，日頃の子どもたちの実態をよく把握することが求められる。低学年期の子どもたちは，「あの子ばっかりたくさんダンゴムシを取ってずるい」「ちゃんと並んでいたのに，横入りされた」等々，平等と公平をめぐって様々な問題が生じる。そうした問題と，前述のポイント①における道徳的価値とを照らし合わせ，子どもたちにとっての必要感のあるタイミングを大切にした授業づくりをすることが重要である。

2.3. ポイント③ 「考え，議論する道徳」の効果的な手立て——自己決定の場と自我関与

　「道徳教育に係る評価等の在り方に関する専門家会議」（2016）では，これまでの道徳の授業における課題として，「登場人物の心情理解のみの指導」もしくは「主題やねらいの設定が不十分な単なる生活経験の話合い」が挙げられており，効果的な指導として「読み物教材の登場人物への自我関与が中心の学

習」「問題解決的な授業」「道徳的行為に関する体験的な授業」の３点が示されている。１時間の授業の中にこれらの手立てを複数盛り込むことで、「考え、議論する道徳」の実現を目指そうとしている。

　前述のポイント②の低学年期の実態を踏まえると、日頃の学校生活で生じる問題について道徳的価値と照らし合わせながら考え、解決の方向を探っていく授業づくりが期待できる。ここでの解決とは、全会一致を目指すものではない。授業で学んだことを活かして、最終的に現時点での自分ならどうするか、道徳的価値を踏まえながら選択する機会を設定することが重要であると思われる。いわば、自己決定の場を設けることである。例えば、学級で飼育する生き物は、低学年では多くの子どもたちがお世話をしたがる傾向があるが、やりたい子どもばかりお世話をすることになると、不公平感につながる場合がある。そこで、お世話をしなくてもいい、したくない子どもの気持ちも聴きながら、公平について考えたうえで、当番のように全員で取り組むのか、係のように特定の子どもたちでお世話をするのかといった解決策を出し、決定していくといった話し合いが想定できるだろう。中央教育審議会による『道徳に係る教育課程の改善等について（答申）』においては、「特定の価値観を押し付けたり、主体性をもたずに言われるままに行動するよう指導したりすることは、道徳教育が目指す方向の対極にあるものと言わなければならない」（中央教育審議会 2014: 3）と指摘されており、学習指導要領解説でも繰り返し強調されている。自己決定の場を設けることは、子どもが主体的に自分の生き方を見つめ直すきっかけを生み出すのである。

　また、読み物教材を用いる際には自我関与が有効であるとされている。後述する実際の授業では、子どもたちの身近な問題を出発点に、読み物教材へと発展する事例も載せている。低学年では、擬人化された動物たちが登場する読み物が多く、子どもたちが楽しんでお話の世界に入りこみやすくなる工夫が凝らされている。「平等」や「公平」をキーワードとした読み物は、仲のよい友達にだけ自分の絵を見せたり、泳げない子を仲間外れにしてしまったりといった、子どもたちにとって身近な話題が取り上げられ、好き嫌いで判断してしまいがちなこの発達段階の実態を踏まえたつくりとなっている。自分たちの問題と関連づけることで、読み物教材が他人ごとではなく「自分ごと」として捉えられ

るようになるだろう。このようにして，読み物教材への自我関与を実現させる
手立てを模索した。

2.4. ポイント④　多面的・多角的な見方・考え方

　現学習指導要領を理解するためのキーワードの一つとして提示された「主体
的・対話的で深い学び」。その中でも「深い学び」を実現させるための鍵とな
るのが「見方・考え方」である。これは，「各教科等の特質に応じた物事を捉
える視点や考え方」（文部科学省 2018b: 22）とされている。道徳科における「見
方・考え方」は「様々な事象を，道徳的諸価値の理解を基に自己との関わりで
（広い視野から）多面的・多角的に捉え，自己の（人間としての）生き方につい
て考えること」（中央教育審議会 2016: 221）と示されている。こうした道徳的な
見方・考え方を育てていくことも肝要である。とりわけ授業づくりにおいては，
「多面的・多角的に捉える」ことを手立てとして積極的に取り入れたい。

　グローバル化が進む昨今，価値観の多様化が指摘されるようになって久しい。
そうした背景からも，それぞれの価値観を尊重する方向が目指されていると言
える。しかしながら，現実の社会は「みんなちがって，みんないい」といった
ようなきれいごとだけではすまないだろう。特に，本章のキーワードである平
等，公平に関しては，前述のように完全な平等や公平を実現することは現実的
には不可能である。そこで，お互いの相容れない価値観から，ときに対立した
り妥協したりしながら，そのコミュニティの中で双方ができるだけ納得する考
えを生み出していくことが求められることとなる。前述の中央教育審議会答申
で「多様な価値観の，時に対立がある場合を含めて，誠実にそれらの価値に向
き合い，道徳としての問題を考え続ける姿勢こそ道徳教育で養うべき基本的資
質である」（中央教育審議会 2014: 3）と指摘されているのは，こうした現実社会
の難しさを物語っていると言える。そして，お互いがある程度納得できる答え
を出したら終わりではなく，よりよい方向を目指してさらに考え続けていくこ
とが望ましいだろう。

　授業づくりにおいては，できるだけ多様な立場から平等，公平について考え，
今までの自分になかった見方・考え方に触れる方向を目指す。例えば，自分に
とっては公平のつもりでも，友達から見れば不公平であるという場合や，量的

には平等のように思えても質的には平等とは言えない状況は，個人だけでは気づくことが難しい。友達の多様な見方・考え方に触れることで，「自分の考えが広がってよかった」という経験を積ませることが重要である。なお，多様な立場を想定する際にはあまり具体的にしすぎない方が，議論が膨らむ場合が多い。例えば平等，公平について考える際に，「一人だけ宿題をやらなかったAさん」の立場を想定したとする。意図的にその情報を限定的にすることで，子どもたちとの話し合いを通じて「体調が悪くてできなかった」「ゲームをやりすぎて宿題の時間がなくなってしまった」「がんばって取り組んだが，難しくて進まなかった」等，同じAさんでも多様な見方・考え方から捉えることができるだろう。そして，授業の最後には前述のように現時点での自己決定の場を設けるが，これもあくまで「現時点」ということにとどめたい。そうすることで，よりよい考えを生み出す機運につながると考える。

　以上，四つのポイントから初等教育における市民を育む道徳科の授業づくりについて述べてきた。整理すると，次のようになる。授業においては「導入・展開・終末」の流れが基本となるが，導入では，「公正，公平，社会正義」の道徳的価値を含んだ子どもたちの日常的な問題を取り上げ，必要感をもたせる。展開では，その問題について多面的・多角的な立場から考え，そこから出た多様な意見を基によりよい解決策について検討する。終末では，これまでの授業での学びを踏まえた上で，現時点での自分ならどうするか，自己決定の場を設ける。こうした方向性で，市民性を育む授業展開を試みたい。

3. 授業の実際

　前節の授業づくりのポイントを踏まえ，本節では低学年における具体的な授業実践を3事例紹介する。最初の2事例は，日常的な問題場面から平等と公平について考えることをテーマとし，残る1事例は，日常的な問題場面を出発点に，読み物教材へと発展させる展開である。対象の子どもたちは，筆者の所属校の1，2年生で，筆者が持ち上がりで担任をした学級で実践を試みた。子どもたちの名前は全てカタカナの仮名にしている（仮名は子どもとその保護者に考

えてもらい，学級内で重複のないように筆者が調整した。したがって，複数回出てくる仮名は同じ子どもを指す）。なお，この事例の一部は，神林（2022）の実践記録に基づいて再構成したものが含まれている。

3.1. 事例① 「トチノミを納得して分けるには？」
◎対象学年と実践時期
　1年生36名を対象に，2021年9月9日に実践した。

◎授業に至る背景
　筆者の所属校には中庭があり，1年生はそこで休み時間を過ごすことになっている。中庭には何本か木が植えられているが，その中でも一際大きく目を引くのがトチノキである。1学期に，地面に小さい実が転がっているのを見つけた子がおり，それがどうやらトチノミであることが分かって，一時期その実を集めるのが学級のブームになったことがあった。夏休みを経て，トチノミはたわわに実り，子どもたちの中で再びブームを迎えた。1学期は数自体が少なかったが，夏休み明けはそれなりの数があることもあって，より多くの子の関心を集めていた様子である。
　そうした中，問題が生じた。たくさん拾えた子と，あまり拾えなかった子との間での不公平感である。たくさん拾った子は，「僕（私）が最初に見つけたんだからいいでしょ」と主張する。あまり拾えなかった子は，「あの子ばっかりたくさん取ってずるい」と引き下がらない。早い者勝ちか，平等に分けるか，という問題である。こうした背景から，「トチノミをどうやって分けるか」を話題として話し合いを行うこととした。

◎授業の主な学習活動
【導入】
　①最近みんなのブームになっているトチノミ集めを話題に取り上げ，そこで早いもの勝ちか平等に分けるかという問題を共有する。
【展開】
　②多様な立場（たくさん取れたAさん，あまり取れなかったBさん，取らなくて

もいいＣさん，取る気はなく他の遊びをしていたが見ていて欲しくなってしまったＤさん）について，気持ちを考える。

③色々な立場の人ができるだけ納得する解決法について考える。

【終末】

④今の時点での自分ならどの解決法にするのか決める。

◎実際の子どもたちの意見と授業者の考察

たくさん取れたＡさんの気持ちについては，「嬉しい気持ち。たくさん取れたから，簡単にはあげたくない」（ヒナ），「取れた人は嬉しいけど，取れなかった人は悲しいから，少しあげてもいい」（コウ），「たくさん取れた人は嬉しい。たくさんあるから，取れなかった人にあげる」（リエ）と意見が続いた。ヒナのように，せっかく自分が取ったのだから簡単にあげたくないという気持ちは，本音として多くの子の賛同を得られるだろう。コウやリエのように取れなかった人にあげるのは，気持ちにゆとりがあるのかもしれない。

あまり取れなかったＢさんの気持ちについては，「いいなとは思うけど，なくてもいいかなという気持ちもある」（エミ），「取りたかったから，ほしいなという気持ち」（カイト，ツヨシ）といった考えが共有された。取りたい気持ちが強ければ，カイトやツヨシのようにたくさんほしい気持ちは当然だろう。エミのように，ほしい気持ちと，なくてもいいという気持ちの揺れ動きは興味深いところである。人間の気持ちは，一つの尺度で表せるほど単純ではないが，そこで最終的に折り合いをつけていくことが大切になるのだろう。

続けて，取らなくてもいいＣさんの気持ちについては，「みんながたくさん取るから，取らなくてもいいやと思う」（カイセイ），「帰り道にトチノミが落ちていることがあるから，そこで取ればいいやと思う」（ユズ），「取っても何にも使わないからいいやと思う」（イチカ）といった気持ちが述べられた。カイセイやユズの意見は，傍から見れば取らなくてもいいが本心で言えば取りたいという気持ちが表れている。そもそもあまり関心のないイチカのような意見も，多面的・多角的な考えをする上では重要だと思われる。表層的な立場は同じでも，内面は質が異なる事例と言える。

取る気はなく他の遊びをしていたが見ていて欲しくなってしまったＤさんに

図9-1 「トチノミを納得して分けるには？」板書

ついては，その立場から気持ちが概ね読み取れている子どもたちの様子が見られた。そのため発問を変更し，Dさんの気持ちではなく，たくさん取ったAさんにDさんが「ちょうだい」と言ったら，Aさんがどのように思うか尋ねた。「せっかく時間をかけていっぱい取ったのに，あまりあげたくない」（シン），「がんばって取ったのが減ってしまうから，あげたくない」（シホ）といったところが本音だろう。時間をかけて，労力をかけて自分が取ったものには，それだけ思いが込められているということだ。

　多様な立場について考えた上で，みんなができるだけ納得する解決方法について探る。最初に，「一人一つにすればいい」（ライ，ツバサ）というアイディアが出た。これについては賛否両論のようで，「全員がもらえるのがいいところ」（ユリ）というメリットが挙げられた一方，「Aさんはたくさん取ったから，もっとほしいってなるかもしれない」（ヨウ）という点はネックになりそうである。次に，「あまり取れなかった人は，朝に取ればいい」（トモミ）という解決法。一晩たった朝には，トチノミがたくさん落ちていることを経験上学んでいるようだ。これは，「朝にしっかりとやるべきことをやった子はもらえる」（ミサキ）というよさがある一方で，「早く来すぎたり遅く来すぎたりして時間を合わせるのが難しい」（コハル）というデメリットがあるようだ。特に，遠方から電車で通う子どもがいる筆者の所属校では，登校時刻の調整は難しい場合がある。

　議論が続く中で，みんなから概ね納得を得られたのは，ライとツバサのアイディアを発展させた「一つ配って，みんなに配れたら，二つほしい人にまた配る」（ケンタロウ）というものだ。たくさん取ったAさんにとっては少し不利な

アイディアかもしれないが，これなら，みんなが収穫をがんばればがんばるほど，「ほしい人にできるだけ多くあげられる」（リョウスケ）というメリットが出てくる。早い者勝ちをうまく抑えられるのも，みんなの賛同を得られた理由のようであった。

3.2. 事例②「子どもたちの声かけについて考える」

◎対象学年と実践時期

1年生36名を対象に，2021年10月22日に実践した。

◎授業に至る背景

国語では，毎日新出漢字を2文字ずつ学習している。全体で読み方や書き方のポイント，筆順などを確認してから個別でドリル学習をし，授業者から合格をもらう。その後は，各自で音読と計算カード（表にたし算やひき算の式，裏に答えが載っているもの）をすることになっている。個々での取り組みとなるため，当然時間差が出る。そのことを考慮し，全て終わった子は自分の席でできることをして過ごすよう伝えていた。読書や折り紙，お絵描きや工作など，それぞれが好きなことに取り組む様子が見られる。

この事例の時期には，終わった後に好きなことができることもあってか，音読が早口になったり，計算カードを最後までしっかり取り組まなかったりする姿が見受けられていた。その際に，友達同士で「ちゃんとやって！」「やってるよ！」といったやりとりが生じるようになってきたのである。直感的にだが，そこには「やるべきことをしっかりやらないで好きなことをするのは不公平だ」という気持ちが根底にありそうだと感じた。そうした実態から，このタイミングで相手への声かけについて考える場を設けられると判断した。授業で取り上げることで，公平について考える機会になるとともに，それ以外の考えも共有できるだろうと期待して臨んだ。

◎授業の主な学習活動

【導入】

①漢字学習の後の取り組みを話題に取り上げ，そこで音読が早口になってし

まうときの声かけの問題を共有する。

【展開】

　②多様な立場（音読・計算カードをしている子をＡさん，「ちゃんとやって！」と声かけをする子をＢさん，やるべきことをしっかりやるが友達への声かけはしないＣさん）について，気持ちを考える。

　③色々な立場の人ができるだけ納得する解決法について考える。

【終末】

　④今の時点での自分ならどの解決法にするのか決める。

◎実際の子どもたちの意見と授業者の考察

　ＡさんとＢさん，どちらの気持ちから考えたいのか委ねたところ，大勢を占めたＢさんから共有することとなった。はじめに，「Ａさんはやっているつもりでも，Ｂさんからするとやっていないように見える」（ツヨシ），「Ａさんがやっていないから，Ｂさんは怒っている」（サツキ）との意見が出る。ツヨシは，少し俯瞰的にＡさんのことも含めて考えたようだ。「Ｂさんは，なぜ怒っているの？」とさらに促すと，「Ａさんがやっていないとしたら，ずるをしているようにＢさんには思える。自分はやっているのに」（シホ），「Ｂさんは人の心もちゃんと考えている。Ａさんがそのままだと頭が悪くなって変な大人になってしまう。Ｂさんにはやさしい心がある」（カイト）といった考えが出た。シホのように「自分はやっているのに」という気持ちは，不公平感について考えるきっかけになるだろう。一方，カイトのように相手のことも考えたいという純粋な気持ちも理解しておく必要がある。

　続けて，Ａさんの気持ちについて尋ねた。すると，「ちゃんとやっているのに，嫌な気持ち」（コハル），「Ｂさんだってできていないのに言われて，悲しい気持ち」（ユリ），「自分だってできていないじゃないかと，Ａさんは怒っている」（シン）と続いた。コハルのように，自分がやっているつもりのときに言われてしまうのは心外だろう。ユリやシンのように，しっかりした人が注意するべきだ，という論調もまた公平感につながる考えである。少し掘り下げて，「Ｂさんがちゃんとやっているとしたら，どう？」と問うと，「Ｂさんがちゃんとやっている子なら，人の心も考えてくれてありがとうと思う」（トモミ），「人

のことも考えて注意してくれている」（イチカ）といった考えが共有された。トモミやイチカの意見は，信頼できる人の注意は素直に受け入れられるということだろう。一方，Bさんがちゃんとやっている，やっていないにかかわらず，「（Aさん自身は）本当はちゃんとやっていないけど，嘘をついちゃえという気持ち」（リョウスケ）というように，自分がちゃんとやっていないときについつい嘘をついてしまうといった意見も見られた。人間らしい本音だと思う。

　Cさんの気持ちについては，「自分は大人になっていい人になりたい。そのためには，自分のことをまずやらないといけないから注意しない」（ケンタロウ），「もし言って，言い返されたら嫌だな」（ヨウ，ミサキ），「（やるべきことは）今はできているけど，注意しすぎちゃうと，注意ばかりが多くなって（やるべきことが）できなくなってしまう」（ヒナ），「Aさん，Bさんみたいに言い合いするようになっちゃうから声かけしない」（カイセイ）といった気持ちを想像する姿が見られた。ケンタロウやヒナの意見からは，まず自分のやるべきことに邁進するという姿勢が伝わる。ヨウ，ミサキ，カイセイはどちらかというとトラブル回避の意見か。こうしたやりとりを解決することには価値があると考えるが，避けたいという気持ちもあることは理解しておきたいところだ。

　Cさんの立場についてもう少し膨らませたいと思い，授業者からは，「人は人だから，ちゃんとやらなくてできなくなったら仕方ない。放っておこう，というのはどう？」と少し大人の発想を出してみた。これについては「ダメだと思う。教えてあげた方がいい」（タカアキ）との考えが多数で，みんなでよくなろうとする気持ちがすばらしいと感じた。もう一つ，「友達が気づくまで，声かけをしないで待ってみよう，ではどう？」と尋ねると，「Cさんの顔とか行動で，Aさん，Bさんもそういう気持ちを分かってくれると思う」（エミ）と行動で気持ちが伝わるとの意見が出た。

　今回は時間の都合上，解決方法まで展開できなかったが，代わりに自分だったらどの考えに共感できるのか尋ねることとした。例えばユズは「Cさんがいい。気づくまで待ってみようというのがいい。AさんとBさんもけんかで学べるし，大人になったときに気づけるから」と，気づくまで待つCさんに共感したようだ。

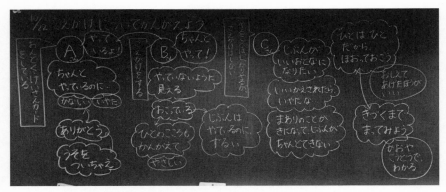

図 9-2 「子どもたちの声かけについて考える」板書

3.3. 事例③「給食と読み物教材から公平・不公平について考える」

◎対象学年と実践時期

2年生を対象に，2022年4月27日と5月11日に2時間扱いで実践した。

◎授業に至る背景

2年生になっておよそ1か月が経過した時期の実践である。担任である筆者も持ち上がり，学級集団としてのコミュニティは前年度から継続されている。学年が上がり，言葉も少しずつ豊かになってきたタイミングで，「公平」「不公平」というキーワードを出して授業を展開したいと考えた。

抽象的な議論にならないよう，子どもたちにとって身近な話題である給食について取り上げた。コロナ禍以前は給食当番が配膳をしているのが通常だったが，その形態も大幅に変わった。筆者の所属校では，予めおかずが盛りつけられた容器にご飯のみを配膳するという手順となった。1年生の頃はご飯を全員同じような量でよそっていたが，時間がかかる子はがんばっても残ってしまう状況が続いていた。そこで，本実践の数日前から，早く食べられる子と時間がかかる子を教師側で適宜判断し，ご飯の量を調整することを試みていた。こうした身近な話題について，みんなは公平という観点からどのように考えるだろうか。

もう一つ，具体的な話題として読み物教材を用意した。ゴート・ゴート

（Gaut, B., Gaut, M. 2019/2011）による「こぐまのピクニック」という話である。これは前半と後半に分かれて構成されており，前半では「二人の小さい子ぐまがピクニックに出かけ，ケーキを食べることに。二人で話し合い，公平に分けることになった」という場面からどのように分けたのか予想する。後半では「分けようとしたところ，大きな子ぐまがやってきた。大きな子ぐまがケーキを分けてほしいと伝えると，二人の小さな子ぐまは了解し，3等分しようとする。しかし大きな子ぐまは『僕は体が大きいから，その分ケーキも大きくていいだろ』と言って，たくさんケーキをもらおうとした」と場面から考える展開となる。自分たちの生活経験と照らし合わせながら，公平について考える姿が期待できるだろう。

◎授業の主な学習活動

1 時間目

【導入】

　①公平と不公平の意味について問い，身近なエピソードを共有する。

【展開】

　②「給食で早く食べられる人はご飯が大盛り，時間がかかる人は少なめにするのは公平か，不公平か？」という問題について考える。

　③公平と不公平の意見を踏まえて，できるだけ納得する解決法について考える。

【終末】

　④今の時点での自分ならどの解決法にするのか決める。

2 時間目

【導入】

　①公平について考える授業の続きであることを共有し，読み物教材「こぐまのピクニック」を読み聞かせ，先の内容を予想する。

【展開】

　②体が大きい分，ケーキもたくさんもらおうと主張するくまは公平か不公平か，それぞれの立場で考える。

　③公平と不公平の意見を踏まえて，できるだけ納得する解決法について考え

る。

【終末】

④今の時点での自分ならどの解決法にするのか決める。

◎実際の子どもたちの意見と授業者の考察

1 時間目

冒頭で、公平の意味について問う。「同じくらいに分けること」（カイセイ），「分けてちょうどぴったりになること」（アサイチ）という考えが共有された。複数の考えから共通項を見出すことで、概念の理解が進む。みんなにとっては「不公平」の方がなじみのある様子だったため、その意味も続けて尋ねた。「貧乏だったりお金がなかったりすること」（タカアキ），「例えば，おやつをもらうときにお兄ちゃんはピーナツを 35 個もらえて，弟は 3 個しかもらえないこと」（ソウヤ）といった捉えであった。

具体例を出してくれた流れを受け、今まで不公平だと思ったエピソードを教えてもらう。「テレビを見ていたら，お兄ちゃんに消された」（タイスケ），「お兄ちゃんも悪いことをしているのに，私だけ怒られた」（ユメナ），「例えば，習い事のスポーツのときに，僕も上手なのに友達だけほめられた」（ツヨシ）と続いた。具体的なイメージを膨らませた上で、本時の問題を設定する。

公平だと思う意見については、「早く食べられる人は，多くても早く食べられる。時間がかかる人は，早く食べられるようになってから多くすればいい」（リョウスケ），「早い人は大盛りでも少なくても食べられる。時間がかかる人は多いと食べ切れない。食べ終わったら，後から足せばいい」（ユズ），「公平は同じくらいに分けるということ。僕は大盛りにしてもらったからいつもより遅くなって，みんなと同じくらい時間がかかった。だから，公平の『同じくらい』というのは時間のことだと思う」（コウ），「私はたまにしか食べられないけど，早い人，例えばタツは増やしても 10 分で食べられる。増やしても早く食べられるから公平」（ミナミ），「みんな同じ量にすると，給食が残ってしまう問題がある。少なくすれば，全部食べられるから」（コハル），「いつも食べるのが早い人の給食を多くしたら時間がかかるけど，いつも時間がかかる人の給食を少なくしたら早く食べられる。（食べ終わる時間が同じくらいになるという意味で）だ

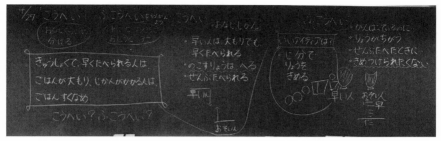

図 9-3 「給食と読み物教材から公平・不公平について考える」板書①

から同じだと思う」（ショウ）といったところ。多様な考えが出たが，公平性のポイントはコウやショウのいうように「かかる時間」ということなのだろう。それぞれの給食の量は異なっても，食べるのにかかる時間が同じであれば公平，という興味深い視点である。コハルのような意識は，昨今取り上げられることの多いフードロスの問題へと発展していくと思われる。

　不公平だと思う考えは，「時間がかかっている人もがんばっているから，かわいそう」（ケンセイ），「公平は同じくらいに分けることだから，これだと量が違う」（ヒナ），「時間がかかる人は大体食べ終わらないけど，全部食べられることもあるから」（シホ），「遅い人は，最初から決めつけられてかわいそう。決めつけはよくないと思う」（ケンタロウ）と展開された。まとめると，給食の量という量的な公平性から見ると問題があるということである。それに加え，時間がかかる人の気持ちを考えることもポイントになりそうだ。教師側の判断で決めつけてしまうことは，子どもたちの可能性を奪ってしまうことになる。はっとさせられる意見であった。

　最後に，教師側で量を適宜判断して盛りつける現状の配膳スタイルをどうすればよいかアイディアを募った。すると，ユズ，ユリ，ショウと相談したタツが「自信をもって自分で多いか少ないか，先生が配るときに言えばいい」と伝えてくれた。こちらとみんなの配膳のタイミングが合えば，十分可能な改善案だろう。早速翌日から取り入れることが共有され，授業終了となった。

　問題設定後，まずは読み物教材の前半の読み聞かせをする。読んだ後に「小さい子ぐまは，どうやって分けたと思う？」と尋ねると，コウが「公平っていうのは同じようにすることだから，半分に分ける」と明快に答えを返す。前回での学びが活かされているのだろう。イメージを共有するためにホールケーキであること，それを半分に切った図を黒板に示し，みんなからも分け方について賛同を得た。

　続けて後半の読み聞かせ。読み終えて，この分け方は公平か不公平かと尋ねたところ，最初の段階では，圧倒的に不公平だと考える子が多く，公平だと思う子は5人にも満たなかった。公平と思う意見と不公平と思う意見，どちらから出してもらおうか迷ったが，多数派からにすると少数派の声が消えてしまう可能性があると判断し，公平だと思う意見を先行させた。ヒナは「前の授業で，決めつけるのは不公平っていうのがあったけど，このお話では大きな子ぐまが小さな子ぐまからまだ決めつけられていないから公平だと思う」と述べる。前時の授業で，給食の配膳の際に教師が一方的に決めつけることは不公平だという議論を覚えているのだろう。これも学びがよく活かされた意見だ。続けてタカアキは「すぐ食べ終わる子は多めで，時間がかかる子は少なめだったけど，大きい人のおなかはこれぐらい（手で大きい丸をつくるゼスチャー）で，小さい人はこれぐらい（手で小さい丸をつくるゼスチャー）で入る大きさが違う。3人ともおなかが同じ大きさなら3等分でいいけど，おなかの大きさが違うといっぱいの感じが違う」とゼスチャーを用いて見事な説明をした。ケーキの量は同じでなくとも，おなかの満たされ具合が同じになれば公平だという。この考え方は説得力があったようで多くの子が賛同し，一気に公平に意見を変える子が増えた様子であった。

　不公平と思う意見については，「小さな子ぐまは，体が大きいと食べる量も多いことがまだ分からなくて『いいな』と思ってしまうから。大きな子ぐまは，他のものを食べればいい」（ミサキ），「3人の体の大きさが同じならケーキを分けられた。『同じように』が公平の意味だから，ケーキの量が同じではない」（ツヨシ），「不公平の『不』は，違うという意味。公平は同じ量で，不公平は量が違う。ケーキは同じ量ではないから不公平だと思う」（シン）と，ケーキの量

図9-4 「給食と読み物教材から公平・不公平について考える」板書②

が同じかどうかという視点であった。タカアキの意見のようにおなかの満たされ具合に着目するか，それともケーキの量に着目するか，見方・考え方の違いによって公平と不公平のどちらにもなりうる。こうした捉え方は，多面的な見方・考え方を養うための第一歩になるだろう。

　ここまでの議論を経て，公平と思う子と不公平と思う子の数はほぼ半々となった。では，不公平だとすればどうしたらよいか，できるだけ納得する解決法を考える機会を設ける。先ほどのミサキの発言にヒントがあったようで，「ピクニックだから，おにぎりを大きな子ぐまにあげればいい」とつけ加えてもらう。デザートよりは，おにぎりの方があげやすい，ということかもしれない。確かに，現実場面ではデザートだけピクニックに持っていくことは考えにくく，よくイメージができていることが分かる。こうした意見を皮切りに，「今回のことを何回か繰り返して，お互いの納得する量を調整していけばいい」（エミ），「まずは３等分してみて，小さな子ぐまのケーキが余ってしまったら，大きな子ぐまにあげればいい」（ツバサ），「最初から誘わずに，『また今度ね』と上手に断る」（ユズ），「大胆だけど，大きな子ぐまは小さな子ぐまのイチゴだけもらえばいい」（ヨウ）と多様なアイディアが出た。実現可能かどうかはそのときの状況にもよるだろうが，アイディアを生み出すこと自体に価値があるだろう。

4. 子どもたちから学ぶ市民性の萌芽

　本章では初等教育における市民を育てる道徳科の授業について，低学年の子どもたちを対象として平等，公平をキーワードに提案した。実践においてはで

きるだけ多様な立場，つまり多面的・多角的に考える手立てを取ったことから，解決する難しさを実感する姿が見られた。それでもお互いが歩み寄りながら奮闘する姿勢が，現実社会での困難な状況を自力で乗り越えていく市民性を養うのではないかと考えている。

デューイ（Dewey, J. 1957/1899）が学校は萌芽的な社会だと述べたように，子どもたちの姿もまた社会の縮図であると言える。一方で，子どもたちは大人にはない柔軟な発想をもっており，それが大人の社会での解決の一助になる可能性も秘めている。「市民を育てる」と大上段に構えてはいるが，そうした意味では，実は子どもたちから学ぶべきことの方が多いのかもしれない。教師にも子どもの柔軟な発想から「考え，議論する」ことが求められると考える。教師と子どもには，どうしても権力構造が生じることは否めないが，ことに市民を育てる道徳科の授業においては子どもと対等に考え，語れるようになりたいものである。こうした姿勢もまた，子どもたちに平等感や公平感を与えるきっかけになるのではないだろうか。

参考文献

神林哲平，2022，『これからも ずっと ともだち——早稲田実業学校初等部 2021 年度 1 年 1 組の実践記録』NextPublishing Authors Press.

坂井清隆，2021，「小学校社会科におけるシティズンシップ教育実践の検討」『福岡教育大学大学院教育学研究科教育実践専攻（教職大学院）年報（11）』福岡教育大学大学院教育学研究科教育実践専攻，pp. 63-71.

中央教育審議会，2014，『道徳に係る教育課程の改善等について（答申）』文部科学省ホームページ．https://www.mext.go.jp/b_menu/shingi/chukyo/chukyo0/toushin/__icsFiics/afieldfile/2014/10/21/1352890_1.pdf（参照日：2022 年 8 月 3 日）

中央教育審議会，2016，『幼稚園，小学校，中学校，高等学校及び特別支援学校の学習指導要領等の改善及び必要な方策等について（答申）』文部科学省ホームページ．http://www.mext.go.jp/b_menu/shingi/chukyo/chukyo0/toushin/__icsFiles/afieldfile/2017/01/10/1380902_0.pdf（参照日：2022 年 8 月 3 日）

道徳教育に係る評価等の在り方に関する専門家会議，2016，『「特別の教科 道徳」の指導方法・評価等について（報告）』文部科学省ホームページ．https://www.mext.go.jp/component/b_menu/shingi/toushin/__icsFiles/afieldfafi/2016/08/15/1375482_2.pdf（参照日：2022 年 8 月 3 日）

水山光春，2010，「日本におけるシティズンシップ教育実践の動向と課題」『教育

実践研究紀要（10）』京都教育大学附属教育実践総合センター，pp. 23-33.

文部科学省，2018a,『小学校学習指導要領（平成 29 年告示）解説 特別の教科 道徳編』廣済堂あかつき.

文部科学省，2018b,『小学校学習指導要領（平成 29 年告示）』東洋館出版社.

Dewey, J., 1899, *The School and Society*, The University of Chicago Press.（＝ 1957，宮原誠一訳,『学校と社会』岩波書店）

Gaut, B. and Gaut, M., 2011, *Philosophy for young children: A Practical Guide*, Routledge.（＝ 2019，高月園子訳,『5 歳からの哲学――考える力をぐんぐん伸ばす親子会話』晶文社）

第 10 章

中等教育における市民を育てる道徳授業

小和田　亜土

1. 中学校・高等学校における道徳教育の位置づけ

　中学生や高校生の時期に人は心身ともに大きく変化する。自我に目覚め主体的に考え行動するようになる一方で，生きることの悩みや葛藤で動揺しやすい面をもつ。学校や家庭，地域社会との関わりのなかで心理的成熟と社会的成熟が求められる時期でもある。

　中学道徳教育は，道徳科を中心に，小学校での指導との接続を意識しながら将来の生き方も見据えて展開される。道徳的なふるまいを実際に生活の場で実践する段階から，その意義を深く理解し自分なりに生活のなかで意味づける段階へと移行していく（文部科学省 2018: 8-9）。高校では小・中学校と異なり道徳科が設けられず，学校の教育活動全体を通じて道徳教育が行われる[1]。中学校までの道徳教育とのつながりを意識するとともに，個々の学校において道徳教育の重点を示し実践することになる（文部科学省 2019: 12）。

　さて，中・高生ともなると行動範囲が広がり，通学時のバス・電車利用など公共の場で行動する機会が圧倒的に増える。すると彼ら彼女らは「市民」としてのふるまいが求められるようになる。つまり，自律を意識しながらも，周囲の他者——顔見知りであろうとなかろうと——を自分と同等に生きる存在と捉え公正にふるまうことが期待される。「私」に固執するのではなく，他者という存在にかけがえのなさを感受できる眼差しこそが求められるのである。

　学校教育の場では，個性尊重を教育理念として掲げながらも現実には生徒に

同質性を求めるむきがあり，また自律の育成を掲げた教育活動が結果として生徒を他者に対する無関心へと導いてしまうことがある。道徳授業においては，こうした負の傾向を斟酌したうえで，生徒の「市民」的な視点を養いたい。

2. 道徳授業を構想する教師のまなざし

中学校には道徳科を専門とする教師は基本的にいない。よって教師を志向する学生はもちろん教師であっても，道徳的素養を頼りに自ら研鑽を積み，道徳授業をつくりあげていくことになる。このことをふまえて，以下に教師を志向する学生や教師の人たちに道徳授業案を提示する。

中学生を対象に市民を育てる道徳授業を構想しよう。市民性の育成に取り組む際に肝要なのは，中学生が複数の共同体を同時に生きる存在であるという側面に焦点をあて，その理解につとめることだと考える。彼ら彼女らは，家庭の子どもであり，地域社会の住民であり，中学校の生徒である。家族・遊び場・塾・学校など個々の組織（共同体）で生活し，さまざまなルールやマナー，習慣，社会通念に接している。ただし，このように言うとき，これら共同体がそれぞれに「流儀」なるものの下に存在し，その流儀がそこに関わる人たちの思考や行動の型——価値基盤——を支えている点に留意しておきたい[2]。家族や地域社会や学校は社会的現実のなかにあって自由や平等などの価値を共有するが，一方で相容れない側面を有する。「このルールは何のためにあるのだろう」，「この習慣に従うのは理不尽じゃないか」と疑問を抱く生徒に出会うことは決して珍しいことではない。

中学生のなかには，複数の流儀を生きているからこそ学校生活で必要とされるルールやマナーに違和感や矛盾を感じる者が出てくる。それぞれの流儀に応じてふるまい分ける子どもや流儀相互の異質さに生きづらさを感じる子どももいるのである。

こうした背景をふまえず展開される道徳の授業は，いきおい形式主義に陥りがちである。校内ルールやマナーの遵守を強く求める指導や規範に関する討論を一方向に誘導する指導となりかねない。家庭・地域社会・学校それぞれの流儀が生徒の心身において相互に交錯し影響を及ぼす側面を念頭におき，教師は

広い視座から生徒の道徳意識・規範意識を把握する姿勢で指導に臨みたい。

　また，生徒の道徳的行為が多面的で重層的な規範意識・価値意識に支えられて発出する点にも留意したい。家族や友達，近隣住民，教師との日常的な関わり合いのなかで生徒の規範的な意識は形成されるが，道徳的行為は，状況に応じてそのつど適切に判断され選択された規範意識・価値意識にもとづき，生起する。道徳的行為が人によって異なるのはこのためだろう。いま，美術の授業で隣の生徒が道具をうまく扱えず作業が滞っている場面を想定する。「困っている人を援助しよう」と思い私が手を差し伸べることが正しいかどうか。これは一概には言えない。「自分のことは自分でやるべきだ」という考えから，私が相手に介入することを相手のためにならないと判断することも可能だからである。道徳的な命題を知っていることが適切な判断を導くとは限らない。この例において手伝うことが作品の完成に「有用」であるか，作品に向かう「自律」的な態度の阻害となるか，複数の価値の観点から捉えられる。適切な行為の判断に際してどの価値に重きをおくべきかを考えることが肝要であろう。

　この点をふまえると，道徳授業の指導においては，生徒が道徳的命題・規範を知り実践するにとどめず，その命題・規範を根底で支える諸価値－自由や平等，有用性，公正など個人と社会の関係をきり結ぶ価値－が何であるかを状況に応じて考えさせるレベルまで踏み込むことが極めて重要だと考える。

3. 道徳授業の計画案と授業展開における教師のまなざし
　　——授業案①「挨拶についてあらためて考えよう」（授業2コマ分）

　挨拶は，「礼儀」として小・中学校の道徳科の内容項目（巻末資料参照）の一つに定められている。また高校も含めた生活指導のなかで「あいさつ運動」を実施する学校も少なくない。挨拶は学校でのマナー向上のみならず，広く社会性や公共心を身につける生活習慣の土台と位置づけられている。

　ここでの授業プランは，学校生活において生徒がどのような意識をもって挨拶しているのか，周囲の挨拶をどのように捉えているのかを振り返る（以下の「トピックA」）。そのうえで挨拶をめぐる世間の事例をもとに社会的側面から挨拶のあり方を捉えその意味を考察する（以下の「トピックB」と「トピックC」）。

授業は，教師による問いかけに生徒が個々に答え，生徒相互に意見交換するかたちで展開する。なお，生徒の回答は集約して規範意識の分析等に用いる。以後，その結果を授業においてフィードバックする。

トピックA 「校内における挨拶の実情を振り返る」
(1) 校内における挨拶の実態を生徒に把握・認識させる問いかけ

生徒は普段学校でどのくらい挨拶をしているのだろうか。最近の挨拶の様子に関して，以下のようなアンケートをとる。

問1　あなたは校内で挨拶していますか。以下のア～エからあてはまる記号を選びなさい。
　　　　ア．よくしている　　　　イ．したりしなかったりその時々
　　　　ウ．しないことが多い　　エ．ほとんどしない，できない
問2　周りの生徒たちの最近の挨拶について思うことを書きなさい。

周囲の挨拶の様子を問うのは，その記述のなかに生徒の挨拶に対する見方──規範意識──を看取するうえで有効だと考えるゆえである。

(2) 挨拶の校則導入の可否について生徒に考えさせる問いかけ

問　この学校で「挨拶をしなければならない」という校則を新たに加える提案がなされたら，あなたはどう考えますか。以下のア～ウからあてはまる記号を選びなさい。また，その理由も記しなさい。
　　　　ア．同意する　　　イ．反対する　　　ウ．どちらともいえない
〈理由〉＿＿＿＿＿＿＿＿＿＿＿＿＿＿＿＿＿＿＿＿＿＿＿＿＿＿＿＿

学校によっては校則で挨拶や礼儀の仕方を細かく規定しているが，ここではそれらを校則で規定していない場合を想定した。これを機に，挨拶はマナーかルールか，義務であるべきか自由であるべきかを議論することも可能だろう。

トピックB　「世の中における挨拶のあり方について考える」

マンション内での挨拶禁止のルールについて生徒に考えさせる問いかけ

次に，いったん学校から離れて，世間に目を向けよう。

挨拶は社会における人間関係を円滑に結ぶコミュニケーションの一つである。中学生であればこの社会的認識に同意するだろう。だとすれば，挨拶を禁止することが社会的に——より高い規範意識を持っているであろう大人たちによって——合意されたという事態に対し，生徒はどう受け止めるのであろうか。

神戸のあるマンションの住民総会でマンション内での挨拶禁止が決議されたという。以下は，新聞投書欄に掲載された，その決定に対する一住民の歎きの声である。

◆理解に苦しんでいます

　住んでるマンションの管理組合理事をやってるんですが，先日の住民総会で，小学生の親御さんから提案がありました。「知らない人にあいさつされたら逃げるように教えているので，マンション内ではあいさつをしないように決めてください」。子どもにはどの人がマンションの人かどうかは判断できない。教育上困ります，とも。すると，年配の方から「あいさつをしてもあいさつが返ってこないので気分が悪かった。お互いにやめましょう」と，意見が一致してしまいました。その告知を出すのですが，世の中変わったな，と理解に苦しんでいます。

（神戸新聞夕刊　2016年11月4日付）

問　マンションの住民総会で挨拶の禁止がルール化されたことに関して，あなたはどう考えますか。根拠を示しながら述べなさい。

挨拶禁止の提案理由に関して，理由としてあげた事象自体に現実性のなさや非日常性を感じる生徒がいるかもしれない。世間では——特に都市部では——知らない人を不審者と捉える風潮が確かにあること，親が子の安全に絶えず気を配らざるをえない情況があることなどを生徒に伝えておくとよいだろう。理由にあたる事象に共感しうる側面があることを示唆するのである。挨拶禁止を

主張した大人の言い分を理解不能だと思い込むと，生徒の思考はその時点で止まってしまう。この事例には，子どもの安全と挨拶の関係，快・不快の感情と挨拶の関係など，挨拶の意味や意義を考えるうえで重要な観点を見出すことができる。後の議論が深まるような配慮が教師に求められる。

挨拶禁止に対する是非については，その判断の根拠も含めると多様な意見が挙がるだろう。挨拶の効用を具体的に指摘することで禁止に反対するもの，挨拶はすることもしないことも強制されるべきでないとするもの，一方，挨拶により生じる不利益や不快の解消を第一に考慮すべきとの考えで挨拶禁止に賛成するもの，また，挨拶の禁止が民主的な仕方で決定された点にもとづき賛成するもの，など。

生徒の見解に対して教師は，思考判断の根拠とみなされた事実やその論理性をチェックする。マンション住民の生活について，それが生徒の想像による思考判断であっても，教師はそのイメージにできるだけ寄り添いながらその筋道を評価したい。生徒たちの意見のなかに多様な価値を看取し，それを可視化して整理する。有用性，平等・公正，自由などの価値のあり方や，道徳的行為の正しさとルールを正当化する手続きの正しさとの相違，ルールとマナーの相違などは，中学生にとって理解しやすいことでは決してない。道徳や規範に関する議論の基盤をつくることも教師にとっての大事な役割であると考える。

トピックC「消費社会における挨拶の例外的なあり方について考える」
(1) 消費社会における店員と客の関係について生徒に考えさせる問い

今度は，社会にあって挨拶を求められることのないケースを取りあげよう。

> 問　この社会にあって人と人がある目的をもって出会う場であっても，挨拶しあうことを求められないところがあります。それはどこでしょうか。例をあげてみよう。

客に対する店員の挨拶が日常の挨拶とは違うものだと中学生の多くは直感しているようである。この問いの答えがコンビニエンスストアやファミリーレストランだとわかると，生徒は入店時の店員による声がけも挨拶だったことにあ

らためて気づかされる。コンビニやファミレスなどでは店員が「いらっしゃいませ」と声をかけても,「こんにちは」と挨拶を返す客はほとんどいないのだ。

　なぜ挨拶が店員と客の間で非対称なのか。現代社会の経済的基盤をなす市場性や消費という機能システムの側面に着目することにより,まずはこの問いの背景をおさえておきたい。

　この社会は政治,経済,医療,教育などそれぞれ固有の機能を担った諸システムから構成されている。この全面的に機能的分化された社会において人々はこれら機能システムに依存せざるをえない状態で生活している。この状況下で現在,人と人との関係性が変容を強いられているとの指摘がある。自分が何らかの機能システムを利用するとき,その人は,その機能システムのなかで働いている人たちを生身の他者とは見なさず,機能システムを構成する部品と見なすようになっているというのである(田中 2002: 19)[3]。

　経済についていえば,市場経済の拡大が消費社会をもたらし,人々をその機能システムに取り込んでいる。たとえばコンビニに買い物に行った私は客として位置づけられ,同時に接客する人を店員としてしか見ない。つまり,そこでは自分や他者の個体性をいったん忘れ,互いを消費の機能を果たすシステムの一部と見なすのだ。だから店員はマニュアルにもとづき効率的に接客し,客は消費に専念すればよいことになる。相手のことを感情を持つ人間というより機械のような機能システムの一部とみなし,相応の態度でふるまうようになってしまう。ここには心のこもった挨拶の存在する余地はほとんどない。こうして客は店員に挨拶を返さなくてよいということになるのだろう。

　生徒たちにとって卑近な例として,マクドナルドの「スマイル0円」を取りあげることも有効かもしれない。店のメニュー表にハンバーガーなどの商品と並んで「スマイル0円」が表記されており,かつて話題にもなった。もちろん経営側の意図は別にあるだろうが,この表示は読みようによっては,マクドナルドの店員の笑顔はあくまで商品であって客に対する個人的な感情の表れではないと読めなくもない。こうした解釈が可能なのも,消費社会において人々が機能システムの一部と化しているとの現状認識があるからであろう。

　以上のような消費社会の特質について教師はできるだけ平易に説明し,消費社会での挨拶の特殊性を生徒に認識させたい。その意味では,コンビニやスー

パーマーケット，ファストフードなどの大手チェーン店が商品券売機あるいはセルフレジを積極的に導入している現実に言及することもよい。消費の場では挨拶を含めたコミュニケーションが客からますます失われているのである。

(2) 店員と客の間の挨拶のあり方について生徒に考えさせる問い

消費社会の特質に触れたところで，教師からある特定の企業の取り組みについて質問する。

> 問　大手飲食チェーン店のなかには，近年，接客の仕方を「いらっしゃいませ」から「こんにちは」や「こんばんは」に変更した店があります。気づいた人はいますか。どこだと思いますか。

生徒もよく知っている牛丼チェーン「吉野家」である。吉野家は，2019 年から接客の仕方を「いらっしゃいませ」から「おはようございます」，「こんにちは」，「こんばんは」に変更している。店員と客が挨拶を交わすようになり，そのうえ両者の間に会話がうまれることを期待してのことだという。

> 牛丼チェーンの吉野家が，来店客に「いらっしゃいませ」と声をかけるのをやめた。かわりに採用したのが，「おはようございます」「こんにちは」というあいさつ。セルフ式の新型店も増える中，客と店員の新たなコミュニケーションにつなげる狙いがある。
>
> 運営する吉野家ホールディングスの河村泰貴社長の発案で，2019 年 9 月にマニュアルを改訂した。1 年半たった今，だいぶ浸透してきたという。
>
> 背景には，カフェスタイルの新型店「クッキング＆コンフォート」の出店強化がある。事前に注文や支払いを済ませ，料理も客が自ら運ぶため，店員との接点が少ない。河村社長は「『いらっしゃいませ』と言われてもお客さんは返事のしようがないが，『こんにちは』だと返事をしやすい。そこで会話が生まれることもある」と話す。（朝日新聞朝刊　2021 年 4 月 23 日付）

問　吉野家の店員の挨拶が「こんにちは」に変更されましたが，今後この
ような店が全国的に増えていくとしたら，店員と客の関係はどうなる
と思いますか。あなたが客だったら挨拶を返すようにしますか。

　これは生徒の想像力に委ねた問いかけではある。全面的な機能システム社会
に依存せざるをえない現実のなかで，一企業が社会のコミュニケーションを改
善しようと取り組んでいる。この試みを知ることで生徒は何を思うのだろうか。
挨拶に関する大人たちの取り組みに生徒はどう応じるのか。この事例を通じて，
人と人とのコミュニケーションのあり方と挨拶のあり方との関係性にまで生徒
の思考が及ぶことを期待する。

まとめ　「トピックA〜Cをふまえ今後の校内での挨拶のあり方を考える」
　この授業単元の最後にあたり，今後の学校生活における挨拶のあり方につい
て考えたことをまとめる。

問　トピックA〜Cにおいてわかったこと，考えたこと，そして周りの人
たちが考えていたことなどをふまえて，これからの学校生活において挨拶
はどうあるべきだとあなたは考えますか。

4. 授業実践結果の検討と今後の授業展開に向けての教師のまなざし

　前節で取りあげた授業指導案にもとづき，ある中学校（私立男子校）で授業
実践を行った[4]。本節ではその授業実践結果にもとづいて生徒の道徳観や規範
意識の傾向を看取する試みを行う。彼らの道徳に関する諸課題を明らかにした
うえで，次なる授業指導案の構想につなげていく。

4.1. 校内での挨拶の実態と挨拶の校則化に対する生徒の考え方
　アンケートによれば，この中学校の生徒の挨拶に対する意識は比較的高いよ
うである。自分は挨拶をよくしているとの回答が全体の３割強（32%）で，挨

挨拶したりしなかったり（60%）と合わせると全体の9割以上に上った。自分は挨拶をしないことが多い（6.5%），ほとんどしない・できない（0.5%）との回答は全体の1割に満たなかった。

挨拶の校則化の問題に関して最初に指摘しておきたいのが，アンケートに答えた生徒の多くが挨拶を「マナー」と明示していたことである。以下にみられるように，この時点では「ルール」と「マナー」が対比されることの多い異なる言葉だとは知っているが，両者の性格やその相違にまで十分理解が及んでいるようにはみえなかった。

挨拶校則化の賛否については，校則化に反対する立場が全体の8割を占めた。反対理由として大勢を占めたのが，挨拶は強制されてするものではない，個々人が自由に行うものだとする考え方である。一方で，賛成の立場として，生徒みんなが挨拶するようになるには挨拶を強制しなければ無理であるという意見が顕著であった。興味深いのは，挨拶の校則化に賛成した中学1年生の割合（8.5%）が，上級学年の生徒による校則化賛成の割合（2.6%）の3倍を超えた点である。家庭でのしつけあるいは小学校での道徳教育において，生徒は挨拶などのマナーや道徳的規範を「守るべきルール」として一緒くたに受容してきたのかもしれない。

いずれにせよ，挨拶をマナーと捉える反面，マナーとはどういうものかを理解しかねている生徒が少なくないようであった。

4.2. 挨拶をめぐる世間の事例に対する生徒の考え方

社会における挨拶のあり方について生徒はどう考えたのか。マンションにおける挨拶禁止のルール化や店員と客の間の非対称な挨拶，飲食チェーン店での接客法の変更を授業の題材として取りあげた。

マンションでの挨拶禁止については，圧倒的な人数が禁止反対の立場を表明した（76%）。そのなかで顕著だったのが，挨拶するのもしないのも強制されるべきでないという考え方である。これは挨拶の校則化反対の主張にみられた理由と同様の観点である。挨拶の意味や効用を説くことで挨拶禁止に反対する意見も幅広くみられた。「災害時など助け合う必要がある時に，平常時の挨拶があることで互いに話しやすくなり助け合いやすくなる」，「挨拶は本来相手か

らの返事など見返りを求めるものでなく，自分の敬意を表すものだ」，「挨拶を禁止するとそこに住む子どもは将来コミュニケーションがとれない人間になってしまう。教育上よくない」，「普段から挨拶をし合うことが不審者対策につながるはずだ」などである。

挨拶禁止に賛成する立場に顕著だったのが，禁止の決定に至る民主的な手続きを尊重する見方である。挨拶の意味合いとは無関係に，決定が住民の総意によることを道徳的行為の正しさの規準とみなしているのである。道徳的行為の正しさとルールを正当化する手続きの正しさとでは，それぞれが依って立つ規準が異なる。当然ながら，このことを認識するのは容易なことではない。道徳に関する生徒の認識度を勘案しながら，善と正義に関して生徒が考える機会を捉えたい[5]。

店員の挨拶のあり方に関しては，接客の仕方を「こんにちは」に変更する店舗が増えれば，客も挨拶するようになるだろうと考えた生徒が全体の約6割（62％）を占めた。特に中学3年生においてはこの割合が7割（71％）にも達した（中1・中2はともに58％）。この数字には現代の消費社会に対する生徒の楽観的な見方が表れているようにも思われるが，挨拶による社会改善を試みる企業に対する期待の表れと捉えるべきであろうか[6]。店員の言葉を「こんにちは」にするぐらいでは客と店員のコミュニケーションに変化をもたらすことはないと思う生徒が全体の約4割（37％）を占めるが，この生徒たちに対して教師は今後どのように向き合っていくのか。人と人との結びつきに焦点をあてた今後の指導が課題としてみえてくる。

4.3. 今後の学校生活における挨拶に関する生徒の考え方

授業指導案の実践校では，校内での挨拶に関する生徒の意識に一定の傾向がみられた。

すでに指摘したとおり，挨拶は強制されるべきでないとの考え方が生徒の間に強く根づいていた。実際，学校生活のなかでも挨拶はルールであるべきという生徒は少数にとどまった（7％）。校内での挨拶を義務だと捉える生徒もいる（5％）が，大勢を占めたのは挨拶を個々人の自由意志によるものだと考える立場であった（40％）。その立場から，「学校生活で挨拶をするもしないも個々の

生徒次第である」という認識に至っている。

挨拶の性格を生徒なりに捉えた結果，彼らが望ましいと考えるのは「今後は校内で自分から積極的に挨拶しよう」（7％）というよりも「挨拶はされたら必ず返すようにしよう」（23％）という姿勢にあった。後者の割合は前者の3倍以上である。これは教師にとって意外であったようだ。中学生は誰でも理想の挨拶の態度として「自分から積極的に挨拶する」ことを掲げるはずだと思い込んでいたからである。

上記のような挨拶に対する生徒の考え方をどう捉えたらいいのだろうか。

この疑問に対して，「自律できるようになる」，「他者に迷惑をかけない」という二つの規範意識が生徒の日常の行動に作用し影響を及ぼしているのではないか，と見立てる教師たちがいる。すなわち，生徒が集団生活において自分の思い通りに活動しようとするとき，他者——特に自分の仲間以外の人たち——との間にトラブルが極力生じないよう，迷惑をかけないよう接触を避ける姿勢がみられるというのである。この姿勢が校内での挨拶の現状にも反映していると考えれば，先にみた挨拶に関するデータの解釈として，生徒が挨拶自体を軽視しているとは必ずしもいえないことになる。

ここでの教師の見立ては今後の学校生活のなかで検証すべき課題となるだろう。共生や共感，自由といった道徳的価値について認識を深める姿勢が教師にも求められる。人が共生するとはどういうことか。それは他者をかけがいのない存在と感受し，他者とのつながりのなかに自己を見出すことでもある。少なくとも決して他者との関係を回避したり，他者に無関心であったりすることを意味しない。こうしたことに留意するならば，学校での挨拶の励行を指導するなかにも，新たな教育的意義を見いだしうると思われる。

5. 生徒の道徳意識をふまえた授業計画を構想する教師のまなざし
　　——授業案②「通学路をめぐるルールとマナーを考えよう」（授業2コマ分）

前節では生徒の規範意識に関する傾向性と課題を明らかにした。ここではその課題をふまえて，公共の場における生徒のマナーをとりあげる。

学校と最寄り駅との間に通学路が指定されており，登下校の際に生徒はそこ

を歩く（写真1）。特に朝は始業時刻をめざす生徒が大挙して登校するため，通勤や通学途中の歩行者とあいまって道路は混雑する。そこで学校では通学路でのマナーを意識するよう常日頃から生徒に呼びかけている。

問1　登下校の際に気をつけるべき通学路のマナーをあげなさい。

写真1　登校時における通学路の風景

　教師が指導する際，通学路のマナーを，「歩道を生徒は通常2列で歩くこと」，「本校の生徒以外の人が安全に通行できるようスペースを空けること」などルール形式で示すことがあるが，ここでは，行き交う人や自動車に注意し自分と周囲の安全と安心に関していかに配慮すべきかを具体的に問う。

　公共の場での生徒の行動について「本校の生徒としての自覚と責任を持って」と指導することがあるが，それは“他者に見られている自分”を生徒に意識づけるためでもある。

問2　この通学路には通行人の安全を守るための法律があります。その一つが道路標識（写真2）に表示されていますが，どんな内容ですか。

　この道路標識は，日曜休日を除く午前7時30分から8時30分の間の自動車の一方通行を示している。この法が制定されたのが2012年であり，それ以前は上記の時間帯でも自動車の対面通行が認められていた。この時間帯は通学生徒の登校時と重なっていたため，この道路は自動車と通行人にとって危険と隣り合わせの状態にあった。自動車がすれ違うのもままならない道に大勢の生徒と通行人が行き交うことを強いられていた（写真3）。こうした状況のなかで歩行者安全の確保を求める声が高まったのである。

写真2　一方通行を表す道路標識　　写真3　2012年以前の登校時の様子

　通学路での自動車の一方通行化は，中学校を含めた地域住民の要望に応える
かたちで実現した。自治会や町内会の役員，消防団員や交通指導員，地元の小
学校教師と生徒保護者そしてこの中学校の教師が協力してプロジェクトを立ち
上げ，交通事情の改善を検討するに至ったのである。当時の中学生も登下校時
に通学路の交通量調査を行うなどこのプロジェクトに協力している。2年にわ
たる協議の成果は交通改善の要望書としてまとめられ，地元警察署に提出され
たのであった。
　自動車の通行規制が成立した経緯を以上のようにまとめ，授業で説明する。
その後で以下の問いを生徒に考えさせる。

問3　マナーと法とはどのような違いがあると思いますか。授業で取りあ
　　　げた事例などをふまえてできるだけ具体的に説明しなさい。

　法は国家の強制力をともなう社会規範である。法はある行為の善悪を判断す
るうえで，合理性をもとにそれが生じた個別的で特殊な条件を一切考慮しない。
よって人は法の前に自らの思考・判断の停止を余儀なくされ，遵守を受容する
ばかりになりがちである。この合理性や拘束性において人は法に「必ず守るべ
き」との意識を強くもつのだろう。
　先にあげた自動車の一方通行化に関する事例において，地域に関わる人々の
主体的な判断と行動が法の成立の原動力となった。この点に着目することは生

徒にとって価値があると思われる。遵守を強く求められる法であっても，必然性と相互の合意があれば私たち市民はその成立や変更に携わることができる。さらに，必要があれば社会改革をも実現しうる。生徒に向けてこうした将来への見通しを提示することが，市民性を育成する道徳教育に望まれよう。

　マナーには法のような強固な規範性を見出しにくい。両者の相違はペナルティ（罰則）のあるなしに顕著だが，そもそもマナーは他者への気遣いや配慮をその根底においている。しかし現実的には「必ず守るべき」ルール的な意味合いで捉えられることが少なくないようである[7]。

　法とマナーの違いを明確に認識することは，中学生にとって容易なことではない。これまで彼ら彼女らは家庭や学校その他の場において，実際にはマナーは守るべきルールと教えられてきたからである。マナーを「ルールとして守る」意識で行動するところからスタートするのは致し方ないとして，学校生活のなかでマナー体験を重ね，併行してマナーの概念的な理解を深めていくことが肝要であると考える。上記の問いに対して「横断歩道での歩行」や「電車やバス内での態度」などを例にマナーに関する意見が生徒から出されるだろうが，それらの意見のなかに教師は「見知らぬ他者」を看取しマナーにおける他者意識を確認するとよいだろう。

　この授業の最後に，通学路での生徒のマナーに対する住民の声を取りあげる。ここでは近隣からの苦情を題材として，マナーの根本をなす他者との関係性について考察する。特に，ルール的なマナーの捉え方では看過されがちな"配慮されるべき他者"に焦点をあて，マナーに係る相手（他者）が個体性・固有性を有する存在であることに留意する。

　突然のお便りをお許しください。

　　私は貴校の近くに長年住んでいるものです。

　　この数十年の間，貴校がますますご発展されていることを，近隣住民として嬉しく思っております。

　　ところで先日，夕方に貴校の生徒さんが通学路で横に広がって歩いておられました。

　　朝は皆さん整然と通行なさっていますが，帰りの時間帯は時折，道路を

広がって歩く姿を見かけます。

　先日の場合には，4〜5人のグループで歩いていたうちの2人の生徒さんが立て続けに私の腕にぶつかってこられました。不意のことでしたので，私は思わずよろけて荷物を落としてしまいました。

　その時，ぶつかった生徒さんと仲間の生徒さんは立ち止まって無言で私を見ていました。そして，何もなかったかのように歩き出したのです。

　私は非常に残念でなりませんでした。怒りすら覚えてしまいました。

　私の知るかぎり，これまで貴校の生徒さんはこうではなかったはずです。詳しい事情はわかりませんが，この思いをお伝えしたくてお便りいたしました。

問1　この手紙を書いた人は，何に対して「残念」「怒り」という感情を抱いたと思いますか。

問2　通学路でのマナーについて今後生徒はどういうことに気をつけるべきだと考えますか。

　登下校時のマナーや法についてはすでに授業で取りあげているが，ここでは「マナーを守ることができなかった」場面を想定している。見知らぬ他者に迷惑をかけたとき，自分はどのようにふるまうべきなのか。このことを考えることで，マナーのあり方を再認識し，さらには人と人との関係性にまで考えを及ぼすねらいがある。

　手紙の主の無念さ，怒りの対象が，マナー良きはずの生徒たちによる迷惑行為にあることは言うまでもない。よろけるほどに身体をぶつけられ，荷物を落とすという身体的・物理的な支障の大きさが手紙から読みとれる。これをもってして，生徒がマナーを守っていればこの支障を防げたかもしれない，だから今後は周囲に注意して通学路を2列で歩きましょう，と「マナーの徹底」を確認し合うことで議論を終えてはならないだろう。

　ここで注目すべきは，生徒が手紙の主に対して謝ることをせず，さらには何もなかったかのようにその場から立ち去ったという事実である。なぜ彼らは無言で立ち去ったのか。この行為が手紙の主の眼にどう映ったのか。こうした問

いを投げかけることで，この場面での生徒と手紙の主の関係を再認識させたい。生徒が謝罪すれば手紙の主はこの件を問題にしなかったかもしれず，謝罪が両者の関係に不可欠だとの認識をもつかもしれない。しかしここで考察を留めず，謝罪なしにやり過ごされたことが手紙の主にとって何を意味するのかを考えたい。生徒にとって手紙の主は生きている生身の人間として，この世に存在するものとして認識されていなかったのではないか。このことに手紙の主の無念さや怒りが向けられたのではないか。マナーの本質が，心配りや気遣いというかたちで，他者との関係性に配慮するところにあると理解させたい。

　マナーを含めた道徳的なふるまいは，人と人との間によき関係性を構築するという視座のうえに成り立つ営みである。見知らぬ他者であってもその自律性を尊重することで，相手の存在が個体性を帯びて立ち現れる。現代の社会にあって，人は様々な流儀（機能システム）を生きるなかで，他者と対峙する機会を失いつつあるようにみえる。仮に他者との間にトラブルが生じたとしても，自分にはやり過ごすしか手はない。どう対処してよいかわからないのだ。相手が自分の仲間ではなく，見知らぬ他者であればなおさらである。こうした現実において，その実情を少しでも改善すべく学校の教師が生徒一人ひとりを他者に結びつける役割を担うべきであると考える。自分と対立する意見や異質な価値を持つ相手に対してもその自律性を重んじられるような態度を受容しうる社会への改編を期待する指摘（河野 2011: 134）もあるが，学校教育においてその課題を認識し取り組もうとする教師たちに期待したい。

註

1) 学校の教育活動全体で道徳教育を行うが，現実的には公民科の「公共」や「倫理」，あるいは HR 活動の時間や学年集会，宿泊行事などの特別活動が指導の中核的な指導の場面となるだろう（文部科学省 2019: 12-13）。
2) ここでいう「流儀」は，政治，経済，医療，教育など固有の機能を担う社会的機能システムをさす。現代社会の機能システムをそこで日常生活を営む一市民の立場からいわば肌感覚的に捉えた言葉として「流儀」の語を用いている。
3) この視点にたてば，駅のホームで物を捨てたり，公園のベンチで食べ残しを放置したりする人たちに対して「公徳心が欠けている」「マナーがなってい

ない」と非難するだけでは，充分でないことになる。たしかにその人々は，マナーを欠いているが，同時に彼ら彼女らは，駅や公園を管理する都市システムが捨てられた物や食べ残しを始末してくれることを期待して，自分の行為を正当化してしまう（田中 2002: 18-19）。

4）神奈川県にある逗子開成中学校における授業実践の結果である。この学校は1903 年に創設され，現在は併設型中高一貫の男子校である。2021 年度に中学各学年で筆者が行った授業実践において，生徒 785 名（中 1：258 名，中2：265 名，中 3：262 名）分のワークシートを集計分析した。

5）河野哲也は，現代の社会制度の設定において自律性と権利を確保するために「何が人びとに共通の公平性や平等性，すなわち正義に関わるものであり，何が，個人的な価値（善）の探求として個々人の選択と責任に任されるべきものであるのか，その線引きの問い直し」が必要だという（河野 2011: 117）。

6）道徳の原理として，松下良平は「共同体道徳」と「市場モラル」の二つをあげて現代の社会における道徳のあり方を分析している。この社会に生きる人々，特に「市場モラル」のもとでルールに拘束された若者世代が，道徳的にどうふるまえばよいのか考える余地が与えられていない現状を批判する（松下 2011）が，指摘の通り，その世代が「市場モラル」から脱することは容易ではないと思われる。

7）加野芳正によれば，マナーのルール化はこの社会の「法化」傾向の表れの一つであり，そのことによってマナー問題が棚上げされることを危惧する（加野 2014: 36-41）。

文参考献

加野芳正，2014，「現代におけるマナーの諸相」加野芳正編著『マナーと作法の社会学』東信堂，29-63 頁.

河野哲也，2011，『道徳を問い直す──リベラリズムと教育のゆくえ』ちくま新書.

田中智志，2002，『他者の喪失から感受へ──近代の教育装置を超えて』勁草書房.

松下良平，2011，『道徳教育はホントに道徳的か？──「生きづらさ」の背景を探る』日本図書センター.

文部科学省，2018，『中学学習指導要領（平成 29 年告示）解説 特別の教科道徳編』教育出版.

文部科学省，2019，『高等学校学習指導要領（平成 30 年告示）解説 総則編』東洋館出版社.

「道徳の内容」の学年段階・学校段階の一覧表

	小学校第1学年及び第2学年（19）	小学校第3学年及び第4学年（20）
A　主として自分自身に関すること		
善悪の判断，自律，自由と責任	(1) よいことと悪いこととの区別をし，よいと思うことを進んで行うこと。	(1) 正しいと判断したことは，自信をもって行うこと。
正直，誠実	(2) うそをついたりごまかしをしたりしないで，素直に伸び伸びと生活すること。	(2) 過ちは素直に改め，正直に明るい心で生活すること。
節度，節制	(3) 健康や安全に気を付け，物や金銭を大切にし，身の回りを整え，わがままをしないで，規則正しい生活をすること。	(3) 自分でできることは自分でやり，安全に気を付け，よく考えて行動し，節度のある生活をすること。
個性の伸長	(4) 自分の特徴に気付くこと。	(4) 自分の特徴に気付き，長所を伸ばすこと
希望と勇気，努力と強い意志	(5) 自分のやるべき勉強や仕事をしっかりと行うこと。	(5) 自分でやろうと決めた目標に向かって，強い意志をもち，粘り強くやり抜くこと。
真理の探究		
B　主として人との関わりに関すること		
親切，思いやり	(6) 身近にいる人に温かい心で接し，親切にすること。	(6) 相手のことを思いやり，進んで親切にすること。
感謝	(7) 家族など日頃世話になっている人々に感謝すること。	(7) 家族など生活を支えてくれている人々や現在の生活を築いてくれた高齢者に，尊敬と感謝の気持ちをもって接すること。
礼儀	(8) 気持ちのよい挨拶，言葉遣い，動作などに心掛けて，明るく接すること。	(8) 礼儀の大切さを知り，誰に対しても真心をもって接すること。
友情，信頼	(9) 友達と仲よくし，助け合うこと。	(9) 友達と互いに理解し，信頼し，助け合うこと。
相互理解，寛容		(10) 自分の考えや意見を相手に伝えるとともに，相手のことを理解し，自分と異なる意見も大切にすること。

C 主として集団や社会との関わりに関すること		
規則の尊重	(10) 約束やきまりを守り，みんなが使う物を大切にすること。	(11) 約束や社会のきまりの意義を理解し，それらを守ること。
公正，公平，社会正義	(11) 自分の好き嫌いにとらわれないで接すること。	(12) 誰に対しても分け隔てをせず，公正，公平な態度で接すること。
勤労，公共の精神	(12) 働くことのよさを知り，みんなのために働くこと。	(13) 働くことの大切さを知り，進んでみんなのために働くこと。
家族愛，家庭生活の充実	(13) 父母，祖父母を敬愛し，進んで家の手伝いなどをして，家族の役に立つこと。	(14) 父母，祖父母を敬愛し，家族みんなで協力し合って楽しい家庭をつくること。
よりよい学校生活，集団生活の充実	(14) 先生を敬愛し，学校の人々に親しんで，学級や学校の生活を楽しくすること。	(15) 先生や学校の人々を敬愛し，みんなで協力し合って楽しい学級や学校をつくること。
伝統と文化の尊重，国や郷土を愛する態度	(15) 我が国や郷土の文化と生活に親しみ，愛着をもつこと。	(16) 我が国や郷土の伝統と文化を大切にし，国や郷土を愛する心をもつこと。
国際理解，国際親善	(16) 他国の人々や文化に親しむこと。	(17) 他国の人々や文化に親しみ，関心をもつこと。
D 主として生命や自然，崇高なものとの関わりに関すること		
生命の尊さ	(17) 生きることのすばらしさを知り，生命を大切にすること。	(18) 生命の尊さを知り，生命あるものを大切にすること。
自然愛護	(18) 身近な自然に親しみ，動植物に優しい心で接すること。	(19) 自然のすばらしさや不思議さを感じ取り，自然や動植物を大切にすること。
感動，畏敬の念	(19) 美しいものに触れ，すがすがしい心をもつこと。	(20) 美しいものや気高いものに感動する心をもつこと。
よりよく生きる喜び		

	小学校第5学年及び第6学年（22）	中学校（22）
A　主として自分自身に関すること		
自主，自律 自由と責任	(1) 自由を大切にし，自律的に判断し，責任のある行動をすること。	(1) 自律の精神を重んじ，自主的に考え，判断し，誠実に実行してその結果に責任をもつこと。
	(2) 誠実に，明るい心で生活すること。	
節度，節制	(3) 安全に気を付けることや，生活習慣の大切さについて理解し，自分の生活を見直し，節度を守り節制に心掛けること。	(2) 望ましい生活習慣を身に付け，心身の健康の増進を図り，節度を守り節制に心掛け，安全で調和のある生活をすること。
向上心， 個性の伸長	(4) 自分の特徴を知って，短所を改め長所を伸ばすこと。	(3) 自己を見つめ，自己の向上を図るとともに，個性を伸ばして充実した生き方を追求すること。
希望と勇気， 克己と強い意志	(5) より高い目標を立て，希望と勇気をもち，困難があってもくじけずに努力して物事をやり抜くこと。	(4) より高い目標を設定し，その達成を目指し，希望と勇気をもち，困難や失敗を乗り越えて着実にやり遂げること。
真理の探究，創造	(6) 真理を大切にし，物事を探究しようとする心をもつこと。	(5) 真実を大切にし，真理を探究して新しいものを生み出そうと努めること。
B　主として人との関わりに関すること		
思いやり，感謝	(7) 誰に対しても思いやりの心をもち，相手の立場に立って親切にすること。	(6) 思いやりの心をもって人と接するとともに，家族などの支えや多くの人々の善意により日々の生活や現在の自分があることに感謝し，進んでそれに応え，人間愛の精神を深めること。
	(8) 日々の生活が家族や過去からの多くの人々の支え合いや助け合いで成り立っていることに感謝し，それに応えること。	
礼儀	(9) 時と場をわきまえて，礼儀正しく真心をもって接すること。	(7) 礼儀の意義を理解し，時と場に応じた適切な言動をとること。
友情，信頼	(10) 友達と互いに信頼し，学び合って友情を深め，異性についても理解しながら，人間関係を築いていくこと。	(8) 友情の尊さを理解して心から信頼できる友達をもち，互いに励まし合い，高め合うとともに，異性についての理解を深め，悩みや葛藤も経験しながら人間関係を深めていくこと。
相互理解，寛容	(11) 自分の考えや意見を相手に伝えるとともに，謙虚な心をもち，広い心で自分と異なる意見や立場を尊重すること。	(9) 自分の考えや意見を相手に伝えるとともに，それぞれの個性や立場を尊重し，いろいろなものの見方や考え方があることを理解し，寛容の心をもって謙虚に他に学び，自らを高めていくこと。
C　主として集団や社会との関わりに関すること		
遵法精神，公徳心	(12) 法やきまりの意義を理解した上で進んでそれらを守り，自他の権利を大切にし，義務を果たすこと。	(10) 法やきまりの意義を理解し，それらを進んで守るとともに，そのよりよい在り方について考え，自他の権利を大切にし，義務を果たして，規律ある安定した社会の実現に努めること。

公正，公平，社会正義	(13) 誰に対しても差別をすることや偏見をもつことなく，公正，公平な態度で接し，正義の実現に努めること。	(11) 正義と公正さを重んじ，誰に対しても公平に接し，差別や偏見のない社会の実現に努めること。
社会参画，公共の精神	(14) 働くことや社会に奉仕することの充実感を味わうとともに，その意義を理解し，公共のために役に立つことをすること。	(12) 社会参画の意識と社会連帯の自覚を高め，公共の精神をもってよりよい社会の実現に努めること。
勤労		(13) 勤労の尊さや意義を理解し，将来の生き方について考えを深め，勤労を通じて社会に貢献すること。
家族愛，家庭生活の充実	(15) 父母，祖父母を敬愛し，家族の幸せを求めて，進んで役に立つことをすること。	(14) 父母，祖父母を敬愛し，家族の一員としての自覚をもって充実した家庭生活を築くこと。
よりよい学校生活，集団生活の充実	(16) 先生や学校の人々を敬愛し，みんなで協力し合ってよりよい学級や学校をつくるとともに，様々な集団の中での自分の役割を自覚して集団生活の充実に努めること。	(15) 教師や学校の人々を敬愛し，学級や学校の一員としての自覚をもち，協力し合ってよりよい校風をつくるとともに，様々な集団の意義や集団の中での自分の役割と責任を自覚して集団生活の充実に努めること。
郷土の伝統と文化の尊重，郷土を愛する態度	(17) 我が国や郷土の伝統と文化を大切にし，先人の努力を知り，国や郷土を愛する心をもつこと。	(16) 郷土の伝統と文化を大切にし，社会に尽くした先人や高齢者に尊敬の念を深め，地域社会の一員としての自覚をもって郷土を愛し，進んで郷土の発展に努めること。
我が国の伝統と文化の尊重，国を愛する態度		(17) 優れた伝統の継承と新しい文化の創造に貢献するとともに，日本人としての自覚をもって国を愛し，国家及び社会の形成者として，その発展に努めること。
国際理解，国際貢献	(18) 他国の人々や文化について理解し，日本人としての自覚をもって国際親善に努めること。	(18) 世界の中の日本人としての自覚をもち，他国を尊重し，国際的視野に立って，世界の平和と人類の発展に寄与すること。
D　主として生命や自然，崇高なものとの関わりに関すること		
生命の尊さ	(19) 生命が多くの生命のつながりの中にあるかけがえのないものであることを理解し，生命を尊重すること。	(19) 生命の尊さについて，その連続性や有限性なども含めて理解し，かけがえのない生命を尊重すること。
自然愛護	(20) 自然の偉大さを知り，自然環境を大切にすること。	(20) 自然の崇高さを知り，自然環境を大切にすることの意義を理解し，進んで自然の愛護に努めること。
感動，畏敬の念	(21) 美しいものや気高いものに感動する心や人間の力を超えたものに対する畏敬の念をもつこと。	(21) 美しいものや気高いものに感動する心をもち，人間の力を超えたものに対する畏敬の念を深めること。
よりよく生きる喜び	(22) よりよく生きようとする人間の強さや気高さを理解し，人間として生きる喜びを感じること。	(22) 人間には自らの弱さや醜さを克服する強さや気高く生きようとする心があることを理解し，人間として生きることに喜びを見いだすこと。

（「小学校学習指導要領解説　総則編」「付録5」202-203 頁，同中学校 198-199 頁。）＝「内容項目の指導の観点」（「小学校学習指導要領解説　特別の教科　道徳編」26-27 頁，同中学校 24-25 頁。」）

人名索引

事項索引

著者紹介

佐藤隆之（さとう　たかゆき）［編者　はしがき，第1章，第4章］
早稲田大学大学院教育学研究科博士後期課程単位取得退学。博士（教育学）
現在：早稲田大学教育・総合科学学術院教授
主著：『キルパトリック教育思想の研究——アメリカにおけるプロジェクト・メソッド論の形成と展開』（風間書房，2004年）
　　　『市民を育てる学校——アメリカ進歩主義教育の実験』（勁草書房，2018年）
　　　『民主主義と教育の再創造——デューイ研究の未来へ』（共著，勁草書房，2020年）

上坂保仁（うえさか　やすひと）［編者　第2章］
早稲田大学大学院教育学研究科博士後期課程単位取得退学。修士（教育学）
現在：明星大学教育学部教授
主著・主論文：『教育の理念・歴史』（共著，一藝社，2013年）
　　　「両義的要素の教育的契機——「不可視と可視」「壁」という寺山修司の「問いかけ」に着目して」国際寺山修司学会編『寺山修司研究』第9号（文化書房博文社，2016年）
　　　『教育の理念と思想のフロンティア』（共著，晃洋書房，2017年）

井谷信彦（いたに　のぶひこ）［第3章］
京都大学大学院教育学研究科博士後期課程研究指導認定退学。博士（教育学）
現在：武庫川女子大学教育学部准教授
主著：『災害と厄災の記憶を伝える』（共著，勁草書房，2017年）
　　　『教育学のパトス論的転回』（共著，東京大学出版会，2021年）
　　　『教育の世界が開かれるとき』（共著，世織書房，2022年）

宮古紀宏（みやこ　のりひろ）［第4章］
早稲田大学大学院教育学研究科博士後期課程単位取得退学
現在：国立教育政策研究所　生徒指導・進路指導研究センター　総括研究官（命）副センター長（併任）教育データサイエンスセンター　総括研究官
主著・主論文：「カリフォルニア州の教育行政における学校改善支援に見る「長期欠席」データの活用——「学校ダッシュボード」と「差異化された支援」の関連に着目して」『アメリカ教育研究』第31号（東信堂，2021年）
　　　『日米比較を通して考えるこれからの生徒指導——なぜ日本の教師は生徒指導で疲弊してしまうのか』（共著，学事出版，2021年）

真下麻里子（ましも　まりこ）［第5章］
大宮法科大学院大学修了
現在：弁護士（宮本国際法律事務所勤務）
主著：『弁護士秘伝！教師もできるいじめ予防授業』（教育開発研究所，2019年）
　　　『「幸せ」な学校のつくりかた——弁護士が考える，先生も子どもも「あなたは尊い」と感じ合える学校づくり』（教育開発研究所，2021年）

『こども六法練習帳』（共著，永岡書店，2022 年）

虎岩朋加（とらいわ　ともか）［第 6 章］
ニューヨーク州立大学バッファロー校教育学研究科　Ph.D. in Social Foundations 取得
現在：愛知東邦大学教育学部子ども発達学科准教授
主著・主論文：Toraiwa, T. (2020). "Dewey and Irigaray on Education and Democracy: The
　　Classroom, the Ineffable, and Recognition," in Gail M. Schwab (ed.), *Thinking Life*
　　with Luce Irigaray, New York: SUNY Press, pp. 269-284.
　　　『民主主義と教育の再創造——デューイ研究の未来へ』（共著，勁草書房，2020 年）
　　　「E・L・キャボットの初期フェミニスト・プラグマティズム——ポストフェミニズムの
　　　時代にフェミニズムを再考する」『日本デューイ学会紀要』第 61 号，pp. 61-70（2020
　　　年）

大岡ヨト（おおおか　よと）［第 7 章］
早稲田大学大学院教育学研究科博士後期課程単位取得退学。ニューヨーク大学大学院修士号
取得
現在：早稲田大学・共立女子大学非常勤講師
主著：『新編　よくわかる教育の基礎』（共著，学文社，2016 年）
　　　『最新　よくわかる教育の基礎』（共著，学文社，2019 年）
　　　『幼児教育系学生のための日本語表現法——保育実践力の基礎をつくる初年次教育』（共
　　　著，東信堂，2019 年）

大岡紀理子（おおおか　きりこ）［第 8 章］
早稲田大学大学院教育学研究科博士後期課程単位取得退学
現在：早稲田大学・拓殖大学非常勤講師
主著：『第三版 理工系学生のための日本語表現法——アウトカム達成のための初年次教育』
　　　（共編，東信堂，2016 年）
　　　『最新　よくわかる教育の基礎』（共著，学文社，2019 年）
　　　『幼児教育系学生のための日本語表現法——保育実践力の基礎をつくる初年次教育』（共
　　　編，東信堂，2019 年）

神林哲平（かんばやし　てっぺい）［第 9 章］
明星大学通信制大学院教育学研究科博士前期課程修了。修士（教育学）
現在：早稲田大学系属早稲田実業学校初等部教諭
主著：『「きく」ことからの学び——友達も自分も好きになる教育をめざした 20 のアイディ
　　　ア』（文藝書房，2015 年）
　　　『音の教育がめざすものは何か——サウンド・エデュケーションの目標と評価に関する
　　　研究』（大学教育出版，2017 年）
　　　『これからもずっとともだち——早稲田実業学校初等部 2021 年度 1 年 1 組の実践記録』
　　　（NextPublishing Authors Press, 2022 年）

小和田亜土（こわだ　あど）［第 10 章］

早稲田大学大学院教育学研究科修士課程修了

現在：逗子開成中学校・高等学校教頭

主著・主論文：『海洋教育のカリキュラム開発──研究と実践』（共著，日本教育新聞社，
　　2015 年）

　　「デューイ教育実践理論における『興味』概念の位置」『早稲田大学大学院教育学研究科
　　紀要 別冊』創刊号（1993 年）

市民を育てる道徳教育

2023 年 3 月 20 日　第 1 版第 1 刷発行

編著者　佐　藤　隆　之

　　　　上　坂　保　仁

発行者　井　村　寿　人

発行所　株式会社　勁　草　書　房

112-0005　東京都文京区水道2-1-1　振替　00150-2-175253
（編集）電話 03-3815-5277／FAX 03-3814-6968
（営業）電話 03-3814-6861／FAX 03-3814-6854
本文組版 プログレス・平文社・中永製本

ISBN978-4-326-25170-4　　Printed in Japan

https://www.keisoshobo.co.jp

日本音楽著作権協会（出）許諾第 2301009-301 号

安彦忠彦・石堂常世 編著	最新教育原理 第2版	A5判	2420円
佐藤隆之	市民を育てる学校 アメリカ進歩主義教育の実験	四六判	3850円
松下佳代	対話型論証による学びのデザイン 学校で身につけてほしいたった一つのこと	A5判	2200円
松下佳代・前田秀樹・田中孝平	対話型論証ですすめる探究ワーク	B5判	1980円
松下佳代・京都大学高等教育研究開発推進センター編著	ディープ・アクティブラーニング 大学授業を深化させるために	A5判	3300円
G.ビースタ／上野・藤井・中村(新井)訳	民主主義を学習する 教育・生涯学習・シティズンシップ	四六判	3520円
グループ・ディダクティカ編	深い学びを紡ぎだす 教科と子どもの視点から	A5判	2750円
グループ・ディダクティカ編	教師になること、教師であり続けること 困難の中の希望	四六判	2860円
横井敏郎	教育機会保障の国際比較 早期離学防止政策とセカンドチャンス教育	A5判	4400円
耳塚寛明・浜野隆・冨士原紀絵 編著	学力格差への処方箋 [分析] 全国学力・学習状況調査	A5判	3190円
前田信彦	キャリア教育と社会正義 ライフキャリア教育の探究	A5判	4180円
佐川宏迪	定時制高校の教育社会学 教育システムの境界と包摂	A5判	3850円
森田伸子	哲学から〈てつがく〉へ！ 対話する子どもたちとともに	四六判	2420円
東京大学社会科学研究所・ベネッセ教育総合研究所 編	子どもの学びと成長を追う 2万組の親子パネル調査から	A5判	3300円
小川慶将	高等学校通信教育規程 令和3年改正解説	A5判	3080円

＊表示価格は2023年3月現在。消費税10%が含まれております。